# この期に及んでまだ幸せになりたいか？

# 老後論

テリー伊藤

竹書房

# はじめに

70歳の私が老後の人生を語る。80代90代の諸先輩からは「本当に大変なのはこれからの20年30年。想像を超える試練が待っている。病気を含めた肉体的な衰えの壁が訪れるよ。そのときにどういう精神力でいられるかな」という声が聞こえてきそうです。

今の私の身体は、正直言って若い頃と比べれば当然しんどくはなっていますが、生死を彷徨うような重大さはありません。目が疲れるとはいえ、眼鏡は必要なく免許の更新ができます。スポーツジムに行けば平気で1時間走れますし、夕方になれば「ようし、今夜は鰻でも食ってやるか」なんて勢いもまだまだあります。これって恵まれていますよね。

そんな私が、どうしてこの本を出そうと決意したのか。それはみなさんもよくご存じのある3人の方との出来事がきっかけとなり、出版意欲を大きく揺さぶられたからです。

その3人とは、長嶋茂雄、大林宣彦、石原慎太郎です。私がここで言うまでもなく、みなさん眩いばかりの経歴の持ち主です。しかし老年期に入り、長嶋さん、石原さんは共に脳梗塞で倒れました。大林さんはガン宣告の中、闘病しながら亡くなられました。私は、病魔と共存する3人に幸運にも触れさせてもらい、大きく人生観が変わりました。

長嶋茂雄さん。日本プロ野球界最大のスーパースターです。私は子供の頃から長嶋さんの大ファンでした。小学生の頃は日本全体が貧しく、都心では内風呂のある家は少なかったため、私も近所の銭湯に通っていました。小学生がこぞって同じ時間に同じ銭湯を利用するため、早く行かないと3番の下足札がなくなるからいつも走って行きました。

そんなミスターが、2004年アテネオリンピックの日本代表監督をすることが決まっていた大会間近の3月、脳梗塞で倒れたのでした。あれ以来、ダンディなミスターがずっと足をひきずっています。

3年ほど前、私はミスターに都内のホテルでインタビューすることができました。終了後、私は部屋からエレベーターまでお見送りをすることになりました。距離としては25メートルほどの廊下をミスターはゆっくりと歩き、私はその歩調に合わせました。15メートルくらいのところで「すみませんね、ゆっくり歩いてくれて」とミスターが言ったのです。その言葉をかけられたとき、私は涙が止まりませんでした。長嶋茂雄が私を気遣ってくれている。返答することもできずに私は首を横に振るだけでした。

ミスターが乗ったエレベーターの扉が閉まり、私はしばらくそこに佇んでいました。ゴムまりのようにグラウンドを駆け回っていたあのスーパースターが、速く歩けない自分に対する歯がゆさよりも私を気遣っている。もし逆の立場だったら、同じように声をかけることができるのだろうか。「どう生きればよいか」を教わった気がしました。

２人目は映像の魔術師、大林宣彦さんです。私は、尾道三部作『転校生』『時をかける少女』『さびしんぼう』が大好きでした。いつかこのロケ地に行くのが私の密かな夢です。揺れ動く若者の心を、あんなに軽やかに表現できるなんてすごすぎますよね。

大林さんの足元にも及ばない私ですが、同じ演出家として何度かお会いする機会がありました。最後にお会いしたのは２０１９年春でした。医師からガンを告げられて余命宣告まで受けたにも関わらず、新作『海辺の映画館——キネマの玉手箱』を最後の最後まで撮り続ける姿を見て、その熱い思いはどこから沸き上がるのかを知りたくなり、無理を承知でインタビューのお願いをしたときでした。監督は快く引き受けてくれました。

私はこんな質問をしました。

「大林監督のように体力の自由がままならなくなったとき、肉体的にも精神的にも演出に支障をきたすことはないのでしょうか」

監督は穏やかな口調で「健康なときは歩く速度は速いでしょう。今は不自由なのでゆっくりしか歩けないんだけれど、このゆっくりが面白いんだよな〜。見る風景が変わってくるんだよ。これにはびっくりしたよ。いつも見ていた町の風景、人の姿、雲の流れだって、ゆっくり歩くと違って見えてくるんだ。面白いね〜、人間ってすごいね〜」と話してくれました。

どんな境遇に置かれても、新しい何かを発見しようとしている。なんとすばらしいのだろう。やっぱり大林監督だ。果たして私は、あの境地に行けるのだろうか。監督の言葉が頭から離れることはありません。

3人目は石原慎太郎さん。1955年、小説『太陽の季節』で戦慄のデビュー。裕福な家庭に育った若者の人間像を描いて、世の中に新時代が到来したことを告げる衝撃的な作品でした。弟は石原裕次郎。文化人そして国会議員として活躍し、東京都知事へ。石原さんの経歴は眩いばかりです。まあ、みなさんも都知事の頃の石原節を覚えていると思いますが、毅然としてダンディズムがあり弱みを見せない人です。

そんな石原さんと久しぶりにお会いしたのは、プロ野球界の伝説の大投手、前人未到の４００勝を誇る金田正一さんのお別れの会の会場でした。脳梗塞で倒れた石原さんはゆっくりとした足取りで、少し遅れて会場にやってきました。石原さんの登場で会場内の空気が一変しました。献花の後、石原さんをはじめとした参列者は、金田さんの輝かしいプロ生活の写真が飾られた別室に移動して、しばらく歓談をしました。

実は私と石原さんは20年来のお付き合いで、大変お世話になっています。こういうパーティーはあまり好きではない石原さんは、早々に出口のほうに歩きだしました。私が慌てて石原さんのところに近づいていくと「お、久しぶり、元気か」と言ってくれました。

私は「金田さんと石原さんの2ショット写真ありましたよ、見ましたか。おふたりとも若かったですね～」と言うと「え、そんな写真あった？　俺、彼と仲が良かったんだよ」などと他愛のない話の後、今までの石原さんだったらそのまま会場を後にしていたと思うのですが、「ちょっと見に行こうかな」と振り返り、広い会場のはじのほうに向かって、おぼつかない足取りでゆっくりと歩きだしたのです。
もちろん私もその後ろ姿を見ていました。日本で一番ダンディズムが何かを知っている男が、まわりのみなが固唾を飲んで見つめている中、堂々と舞い戻っていったのです。その姿はまさに「太陽の季節」でした。

私は、この3人の先輩たちの生き様を見て、どんな環境に置かれても人は堂々と生きることが必要だと思い知りました。それが、この本の出版を決意させたきっかけなんです。

たしかに70歳はまだ若造かもしれませんし、いつか80、90になったときの自分自身に「お前のあのときの本ってぬるいな」と言うかもしれません。でも今、70の感性を信じて思いの丈を込めました。読者のみなさんがこれから生きる上で、本書が何かひとつでも参考になっていただいたとしたら幸いです。

この期に及んで

# 老後論

まだ幸せになりたいか？

目次

## 第1章 老人のアドバンテージは何か？

## 第2章 「第二の人生」なんて作らなくていい

第3章

# 「孤独」や「死」なんて当たり前

## 第4章 老いれば心は成熟するのか？

# 第5章

# 団塊の世代よ、「逃げ切ろう」なんて甘い！

# 第1章

# 老人のアドバンテージは何か？

# 老いていいことはないのか？

人間は誰でも年をとる。人間ってやっかむものだから、老いると「若いヤツはいいなあ」なんて考え出す。若いヤツが無性にうらやましく見えてくる。

感染症騒ぎで延期になってしまったが、少し前までは同年代の連中の間で「2020年までは」という合言葉があった。つまり、東京オリンピック・パラリンピックはこの目で見ようってことがモチベーションになっていた。でも、実際オリンピックが来たら、次の目標は何にすればいいのだろう？

リニアモーターカーは2027年に開業の予定だが、「生きてるかなあ」なんて言うヤツもいる。新しい高速道路ができる計画もあるみたいだけど、「その頃だと、もう俺たちは免許を返上しないといけないんじゃないか」みたいなことも話していて、そうなると高速道路は待ち遠しいものではなくなる。リニアモーターカーも高速道路も、新しいものは自分たちには関係ないと考えてしまう。

新しいものに対して蚊帳の外の立場になっていく。多くのものが自分の生きている範疇から外れていく。

こんな感じで、年をとるといろんなものに対する興味を失っていく人が多い。肉体の力や気力も若いときより減退する。年をとると必然的に肉親や友人も亡くなっていくから、人間関係も狭まっていく。もっと言えば、自分に残された時間も少なくなっている……。

「悠々自適の楽しい老後」みたいなことが謳われることもあるが、そう考えると老いにはいいところなんて何もないように思えてくる。

マスメディアでも年金や医療、介護などの高齢化社会の問題が常に取り上げられているので、若者も、そして老人自身も「高齢者は社会のお荷物だ」と考えるようになる。

こうなると年をとることは、最悪なことに思えてくる。実際、年老いると得るものはなくて、失うものばかりだ。

だが、仮にそうだとして、年をとって自分が持っていたものが全部消えていったとき、そこには骨しか残らないのか？

そんなことはないと思う。いろんなものが消えていく中で、研ぎ澄まされたものは残るんじゃないか？　それは感性だと思う。

たとえば、若い頃にはなんとも思わなかったものが、年老いると美しく輝いて見えてきたりする。

会社員時代は、通勤で毎朝通る道に咲いている花のことが目にも入らなかったのに、年老いると「自分はこの季節の花を、あと何回見られるのだろう」とその美しさが胸に染みるようになる。花などの自然だけでなく、人々の営みも深く感じられるようになる。

自分の人生には限りがあることを知るから、世の中のことが今まで以上に味わい深く感じられるようになるのだ。

これが老いたことで得られる感性だ。

老いていろいろなものを失ってからも、自分の中に残されて、出現するそんな感性を、〝乙女力〟と私は呼びたい。

## 男は「乙女力」の花を咲かせよ

ご存じない人が多いかもしれないが、私は今、慶應義塾大学の大学院生でもある。2017年9月に入学して、仕事の合間を縫いながら大学院に通って勉強しているのだ。

60代にして大学院に通い始めた理由は、この年になって〝ままならないもの〟を持つことが幸せだと考えたから。勉強って大変で、なかなか自分の思うような成果は出ない。ままならない。でも、そこがいい。恋愛にままならないところがあるのがいいように、ままならないものって面白い。

何を学ぼうかと考えて、選んだのは心理学。仕事柄、人の気持ちに興味があった。コメンテーターで番組に出たときなんか、「不倫で騒がれている人の気持ちってどうなんだろう?」とか、「10代で頂点を極めたけど、その後の人生で転落してしまった人はどういう気持ちなんだろう?」と、ずっと気になっていた。

そんな興味から学び始め、勉強を続けて、ついに修士論文を書くことになった。論文のテーマは「老人の中の乙女力」。

乙女力とは文字通り、乙女的な感性のことだけど、これはむしろ女性よりも、男性の中に年をとると強く現れてくるもののような気がする。

男は年をとると、信じていた肉体的な力や精力なんかが衰えていき、その落差の中でもともと自分が持っていた乙女力に気づく。それを掘り下げて表に出すことで、老後の生きがいを感じることができるんじゃないか。

論文のために、元ザ・フォーク・クルセダーズで精神科医の北山修さん、ヒット曲『戦争を知らない子供たち』を作曲した杉田二郎さん(※作詞は北山氏)、それから泉谷しげるさんと会って話を聞いた。

泉谷さんは「実は俺の中にも乙女力はある」と話していたし、北山さんも「由紀さおりの『初恋の丘』を作ったとき、僕はまさに乙女だった」と語っていた。よく女の人が「この曲の歌詞、男の人が書いてるけど、女よりも女心が分かってる」みたいなことを言うけれど、それはまさに男が乙女力を持っているからなのだ。北山さんも乙女力があったから『初恋の丘』では乙女の切ない恋心を書けた。

北山さんみたいな才能のある人じゃなくても、年をとることでむくむくと表に出てきた乙女力を活用すれば面白いことができる。それが死ぬまで消えることのない生きがいになるんじゃないだろうか。

## 怒りや虚しさと表裏一体の乙女力

年をとると怒りっぽくなると言われている。怒りっぽくて頑固な老人は老害なんて言われたりする。でも、その怒りとか年をとったことで感じる虚しさとかと表裏一体で生まれるのが乙女力でもある。

力を失ってままならぬことが増えて怒りを感じたり、虚しくなったりするかもしれないけど、そのとき同時にコーヒーのドリップみたいに、これまで内に秘めていたものが一滴一滴抽出されて、乙女力が花開く。

衰えの中から生まれてくる感性や文学ってあると思う。たとえば、川端康成の自殺をテーマにした、臼井吉見の『事故のてんまつ』って小説があるけれど、あれなんかは晩年の川端が家政婦の若い娘に執着したことが描かれている。谷崎潤一郎の『痴人の愛』も、年齢差のある若い娘にとりつかれて破滅するまでが描かれる。こういう切なさは、衰えが背景にないと生まれなかっただろう。

黒人の苦難の歴史の中でブルースやラップが生まれたように、男が老いを迎えて衰えたときに新たに生まれるものがあると思う。そのひとつが乙女力なのだ。乙女力こそ男にとって最後のモチベーションになる可能性を秘めている。

年をとって、若いときに持っていた栄光をなくして、財産もなくして、体力もなくして、何もない。そんなときに乙女力を自分の誇り、自信として生きていくのは悪いことじゃない。


この発想に北山さんも興味を持ってくれて、面白いと言ってくれた。アカデミックな世界で学ぶ心理学は、統計などのデータをもとに自分の考えを証明しないといけないから、乙女力の調査のために老人ホームに行って話を聞いてみたいとも思っている。そのときは乙女力を使って、男たちに女言葉で川柳や俳句や詩を書いてもらおうとも考えている。少女の気持ちになることで、今までとは違う才能が目覚めるかもしれない。可能なら、それを歌にして由紀さおりさんにお願いして歌ってもらいたい。

もしかしたら、老人世代の男たちの中から、多くの人を惹きつけるような新しい才能が飛び出してくることだってあるかもしれない。

## 武士道よりもオバサン道

私は昔、養老孟司さんとの共著で『オバサンとサムライ』という本を出したことがある。その本の主旨を簡単に言えば、〝日本人はよく「男はサムライになるべきだ！　今の日本にサムライ魂を復権させるべきだ！」と言うけれど、本当に必要なのはサムライじゃなくてオバサンじゃないか〟というものである。男はみんなオバサンになったらいいんじゃないかと考えたのだ。

日本人がイメージする典型的なサムライ像といえば、忠臣蔵の赤穂浪士たちだろう。浅野内匠頭に忠誠を尽くす赤穂浪士たちは、赤穂藩再興の望みがない中、主君の仇である吉良上野介を見事に討ち取る。赤穂浪士たちの討ち入りは、忠義を尽くした美談として江戸の庶民からは称賛されたという。だが、幕府からは切腹を命じられてしまい、赤穂浪士たちは命を落とした。そんな悲劇性も含んだドラマチックな忠誠心が日本人に好まれているのだろう。

今も映画やドラマの題材となる赤穂浪士だが、ここで描かれるサムライらしいサムライ像は、あくまでも理想だったんじゃないかと私は思う。赤穂浪士の討ち入りも、めったにない出来事だったからこそ、現代まで語り継がれる物語となったのではないか。


己を捨てる強さを持つ、理想的な男性像であるサムライを追求するのは、美しい生き方ともいえる。しかし、サムライの究極のあり方は、『葉隠』が言うように「武士道とは死ぬことと見つけたり」だ。当然、そんな生き方はそう簡単にできるもんじゃない。

もし、ここまでストイックで美学的な生き方を求められたら、大半の男はたまったもんじゃないだろう。だから、日本男児の理想をサムライに求めるのはかなり無理がある。

だったら、抽象的な理想像を追っかけるサムライよりも、ひたすら現実的なオバサンのほうが幸せに近づけるのではないか。そう考えたのだ。ストレートに幸せを求めて、世の中を無駄に斜めに見ないのもオバサンの特徴だ。だから、オバサンは変に悩まずにいられる。

オバサンが人目を気にせず、自分たちがやりたいようにやれるのは、ずうずうしいオバサン力があるから。だが、今になってよくよく考えると、そんなオバサン力を男性はそう簡単に身につけることはできない。

## オバサン道をあきらめた男が向かう先

よい意味でプライドや見栄がないのも、オバサン力の特徴だ。養老さんと私が当時、史上最強のオバサンだと認めたのは、元女優で、政治家としては国土交通大臣も務めた扇千景さんだった。

扇さんは大臣時代、官僚たちに「私は国土交通行政の素人です。あなたたちは東大、京大を出た秀才なんだから、どんどんいい提案をしてちょうだい。全部そのまま採用するから」と宣言した。これなんかは、変な見栄やプライドがある男には言えないセリフだろう。

「テリーさん、人間、背伸びをしないのが一番いいのよ」と扇さんから言われたこともある。「100点を取ろうとしちゃダメ。政治家として60点、妻として60点、母として60点でも、三つ足せば180点になるのよ」と扇さんは語ってくれた。60点を、100点から40点減点されたものとは考えず、足していけば100点を超えると考える。こんなふうにすさまじい自己肯定ができるのが、オバサン力のすごいところなのだ。

お年寄りを見ても、男性よりも女性のほうが得てして元気だ。オバサン力がなぜ生きる力に直結しているのかというと、オバサンが日常生活の中で具体的な喜びを楽しんでいるからだ。

女性たちは「食べものが美味しい」とか「ドラマが楽しい」といった、目の前のささやかなことに喜びをしっかりと味わっている。一個100円のシュークリームを食べることにだって、絶対的な幸福感を見出せる。男は目の前のものを減点主義的に引き算で見たりしがちなのに、女は発想があくまで足し算なのだ。

オバサンに比べてオジサンが決定的に不利なのは、年をとると勃ちにくくなるという点だ。精力は衰えていくのに「男として現役でいないといけない」というプレッシャーをオジサンは感じるが、オバサンはそこから自由でいられる。そんなプレッシャーがないからこそ、オバサンは余裕を持ってのびのびと人生を楽しめるんじゃないか。

だったら、男もオバサン道を目指したほうがいいはずだ。当時はそう考えていた。しかし、残念ながら男がオバサン力を身につけるにはハードルが高い。なぜなら、オバサン力って鈍感力の裏返しに近いものでもあるから。

これは、意外なほど繊細さを秘めた多くの男たちには難しい。「俺ももっとずうずうしく生きたい」と思っても、うまくいかなくて傷つくだけだったりする。

オバサン力がそう簡単に身につけられないものなら、逆にその繊細なところを活かして乙女力を手に入れればいいんじゃないか。そう考えたからこそ、乙女力が最近の私にとっての大きなテーマになっているのだ。

男にはオバサン力を身につけるのは簡単ではないが、女はオバサン道を極めればいいだろう。この本を読んでいる女性はぜひ、オバサン力で日本を元気にしていただきたい。

## 何もしない生き方だって悪くない

「人間、働いていないとダメになる」

「仕事をしない人生なんて寂しいものだ」

こんなことを言う人が世間にたくさんいる。

では、働かなくなった高齢者でボランティアもせず、趣味の活動もせず、毎日を怠惰に過ごす人はダメな存在なのだろうか？　そんなことはないと思う。

これまで、私はありがたいことにずっと忙しく働いているが、ある年の正月、1週間の休みをとることができた。仕事をせずにひたすらゴロゴロと過ごしたが、その1週間が寂しかったかと聞かれれば、まったくそんなことはなかった。天国のような毎日だった。仕事がぎっしりと詰まった日常が、いかに無茶なものかということを痛感した。

野生動物の生活を見れば分かるが、本来、生き物は必要以上には動かないものだ。1週間寝ていられるのなら、動物は寝て過ごすだろう。生き物として、そちらのほうが自然なのだ。


リタイアして仕事から離れた途端、老け込んでしまう人も多い。仕事一筋だった人が退職し、張り合いがなくなってしまって老け込む。そんなふうになる人があまりにも多いもんだから、巷ではリタイア組に対して「何か趣味を見つけたほうがいい」「ボランティア活動で生きがいを見つけよう」などといった助言が盛んになされている。

もちろん、趣味やボランティアに生きがいを見出すのはよいことだと思う。でも、みんながみんなこれといった趣味を見つけたり、ボランティアができたりするわけじゃない。傍から見ると、とりたてて楽しみもなく、生きがいも持たず、ブラブラと生きているような人もいる。だけど、何もしない人生だってありじゃないか。

何もしないで生きていける人は、精神力が強いんだと思う。

人は生きていたら、何かしらの充実感が欲しくなるものだ。充実感が欲しいから、リタイアしてボランティアを始めたり、趣味に励んだりする。でも、「俺は何もしないでいいや」と思える人は、そういう充実感を必要としない。それぐらい精神力が強いのだ。

何もしていないといっても、その人はその人なりの生活を日々送っている。生をつなぐ営みを具体的に毎日行っている。そこには、他人には分からないささやかな喜びや達成感だってきっとあるはずだ。

趣味を持てだの、ボランティアをしろだの、生きがいを探せだの、それはあくまでひとつの価値観の押しつけにすぎない。

「あの人は無趣味だし、人と交わらないし、何が楽しいんだろう」

そんなふうに思うのは、きっと余計なお世話なのだ。

## 人生のマンネリは、ほめ言葉だ

現役時代の生活とリタイアしてからの生活との大きな違いは、時間の余裕にある。バリバリと働いていた頃は、平日は仕事で忙しく、週末の休日も家族のために使って、ほとんど自分の時間が持てなかった。そんな人が急に仕事から放り出されたら、時間を持て余してしまうだろう。

そのとき、ある人は「ああ、退屈だな」と感じるかもしれない。退屈の中身は平凡なありふれた日常である。日常を繰り返すということは、言い換えればマンネリ化した人生だ。

マンネリは「独創性がない」「新鮮さがない」といった意味なので、私のような職業の人間にとってマンネリは怖い言葉だ。「テリー伊藤のやってることってマンネリだね」とは言われたくない。

だが、マンネリがほめ言葉に変わることもある。

テレビの世界では常に新しいものが求められているが、長い間、同じことをやりながら支持されている人気番組もある。こうした長寿番組は「偉大なるマンネリ」と呼ばれる。この場合のマンネリはほめ言葉だ。


人生におけるマンネリも、むしろほめ言葉ではないか。毎日の暮らしの中で同じ日常を繰り返せるのは、持久力がある証拠だ。

時代の変化に踊らされず、自分のペースを崩さず、変わらぬ日常を送ることができるなら、その人はすごい人だ。実は「自分にとってこの日常が最高なのだ」という自分の道を、人生の中で見つけているともいえるわけで、フラフラと方向が定まらないような生き方をしている人なんかよりよほど偉大だと思う。

## 「格好よくない」が格好いい

リタイア後の人生を考えるとき、自分のお手本、モデルを探す人もいると思う。以前、定年を間近に控えた知人が「俺はこれからの人生、白洲次郎みたいに生きたい」と言っていた。

白洲次郎は「日本一格好いい男」なんて呼ばれて、その人生がドラマ化されたこともある。実業家の家に生まれて、海外で学んだスタイリッシュなインテリで、近衛文麿や吉田茂の懐刀として手腕を振るい、実業家としても活躍して、老いの身で三宅一生のファッションモデルまでやったこともある格好いい男。

でも白洲次郎的な格好よさは、まだ日本が貧しくて、階級制の名残があったような時代だから成立した貴族的なものだと思う。

白洲次郎は晩年ポルシェに乗っていたことでも知られているが、オフロード車のランドローバーにも乗っていた。東北電力の会長だった頃に、白洲次郎はランドローバーのハンドルを握ってダムの工事現場を回っていたのだ。

これも、白洲次郎が日本一格好いい男と評価される理由になっているが、ここはランドローバーよりもスバル３６０に乗ってほしかった。

白洲次郎は格好よかったかもしれないけれど、どこまでも格好いいだけで終わってる。そこがどうなんだろうと思ってしまう。むしろ今の時代、格好よくないほうが格好よさを感じるという美学がある気がする。

昔から白洲次郎に限らず、池部良や二谷英明などの年をとったらロマンスグレーみたいな男性像に憧れる風潮が、ある世代より上の人たちには相変わらず存在するが、ほとんどの人はロマンスグレーなんかにはなれない。

女性だと、岸惠子や八千草薫が昔ながらの格好いい年をとった女性像になるのかもしれないが、そうじゃない生き方の女性がいたっていい。

たとえば、「私、旦那がいなかったら生きていけない」と言って、70歳を過ぎても旦那と毎日お風呂に一緒に入ってる奥さんがいてもいい。そんなベタな感覚こそ、なぜか格好よく迫ってくる気がするのだ。

今は、格好よく見せて格好よく振る舞うなんてことが、以前よりハードルが下がっている気がする。格好よさのイメージがステレオタイプになってきているようにも感じる。だから、ただ格好いいだけで終わってしまうと、単純な足し算を見ているようで逆にあまり響いてこなかったりするのだ。

70歳を過ぎても旦那と毎日お風呂に一緒に入っている奥さんのように、誰がどう言おうと自分だけが見つけ出した幸せのあり方が一番なんだと、たとえ見場が悪くとも堂々と振る舞えることのほうが、格好いいだけの価値観をどーんと突き抜けているように思えるのだ。

## 70歳になっても馬鹿なことを発信したい

年をとることの利点のひとつは、格好悪いことを恐れなくなることだと思う。若い頃は人からよく見られようと何かと格好をつけるが、経験を積む中で自分の限界も見えてきて無駄な見栄は張らなくなる。自分の弱点をさらすことに抵抗がなくなってくる。

自分の弱点を隠さないことは、人付き合いのひとつのコツともいえるが、よくよく考えてみれば、私は若い頃から自分の弱点やバカな部分を、むしろ世の中を面白く生きていくための燃料として積極的に活用してきた気がする。

私は２０１９年10月からＹｏｕＴｕｂｅにチャンネルを作って、いろんな動画を配信している。元女流棋士の林葉直子やＡＳＫＡさん、猪瀬直樹さんに出てもらったり、屋外にマットを敷いて町行く素人の女の子にお願いしてバックドロップさせてもらったり、全身タイツで落ち葉を体中にくっつけて落ち葉の中に埋もれたり、いろんなバカなことをやっている。

ＹｏｕＴｕｂｅは、チャンネルの登録者数や動画の再生数が誰にも見られる形で出る。「ＹｏｕＴｕｂｅというのは、人気があるかどうかがハッキリと数字で出ますけど、怖くないですか？」と聞かれたことがあるが、全然怖くない。アイドルじゃなくて70歳の男なんだから、動画の再生数もチャンネルの登録者数も気にしない。だって、自分が20代のときに70歳の人の動向なんて知りたくもなかったから、今の10代や20代でＹｏｕＴｕｂｅを見ている層から数字が得られるなんて思うのは甘いと考えている。

再生数がそこまで伸びなくても本当に楽しい。これは負け惜しみではない。スナックでカラオケを歌うときに、２～３人しか聞いてる客がいなくても楽しかったりするけれど、まさにそういう気分だ。

再生数やチャンネル登録数がどうというよりも、「テリー伊藤って、まだあんなバカなことをやってるんだ」と思われることを発信したい。それが面白い。土俵に上がっていることが面白いのだ。

かつて美人棋士といわれた面影など微塵もなくなってしまった林葉直子なんて、「何かしたいことあるの?」と聞いたら「インコと結婚したい」と言う。そこで「じゃあ、その結婚式やってあげるよ」ということになって、私のＹｏｕＴｕｂｅチャンネルにその様子をアップした。

変わった生き方をしていると、それを憐れむ人もいるけれど、私は本当にそういう生き方が面白いなあと思うのだ。

インコと結婚したいという人を批判的に見たり、引いた態度で見たりしていても楽しくない。ポジティブな目で見たほうがいい。ネガティブな視線で世の中を見るより、そっちのほうが人生は楽しくなる。

## 老人は堂々と手抜きができる

高齢者になって得られるメリットのひとつは、「堂々と手抜きができる」というものではないだろうか。生活のいろんな面で、若い頃だったら許されなかった手抜きが老人には許されたりする。つまりハンデをつけてもらえる。ちょっとズルいようだが、そこは甘えてもいいと思う。

プロ野球の現役ピッチャーだって、いつも150キロの速球を投げていたら、肩が壊れてしまう。相手が9番打者とかピッチャーだったら、まず全力では投げない。それと同じで、私は昔から、ふだん実力を出すのは1週間のうち2日もあればいいと思ってやってきた。

そもそも、人生において真剣で全力じゃなきゃいけない局面は、そんなにあるものだろうか？　受験や就職みたいな踏ん張りどころは真剣にやらなきゃいけないだろうが、それ以外は手を抜くことも大事だと思う。
緩急をつけて、緩くしていいところはそうする。むしろ緩くする部分がなければ、全力でやらないといけないときにスタミナが切れて、中途半端なことしかできなくなってしまう。

年をとったら、なおさら手抜きを覚えることが大事だ。週に5日どころか、毎日手抜きしたって誰も怒らない。むしろ、ふだんは手抜きしている人がたまに真剣に取り組むと、毎日真剣な人よりも評価される。高齢者は積極的に手抜き人生を心がければいいと思う。そのことが心と体の健康にもつながる。

そもそも、私は手抜きというのは、その人の潜在能力を示すものだと思っている。人は慣れた仕事に対してのみ手抜きをするようになる。新しいチャレンジや大きな仕事に取り組むときには手抜きはしない。逆に言えば、手抜きをするようになったなら、新しいことをする準備が整ったともいえるのだ。

すなわち、手抜きが毎日できる老人は、新しい何かに挑戦する準備がすでにできているといえる。それが何なのかを探してみるのもいいと思う。

## 自堕落？　大いにけっこう

手を抜いた生活をすることを、自堕落と捉える人もいるかもしれない。だが、そもそも私は自堕落を悪いものだと思っていない。

毎日の生活の中で、疲れたときには手を抜いてもいい。ふだんは家族のために毎日三食を作っているお母さんが、疲れたときに全部おかずを冷凍食品で済ませても何も悪いことではない。お母さんは手を抜くことで、リフレッシュすることができる。コロナ感染対策のための外出規制によって長期間、家に一日中家族がいるようなときは、とてもじゃないが食事の手抜きをしないと、やっていられなかったというお母さんが全国に無数にいたことだろう。

そういう意味で、自堕落にはマッサージのような効果があるといえる。マッサージ屋に行けばお金がかかるが、「今日は掃除しない」「今日はご飯を作らない」という手抜きだったら大したお金もかからない。

張り詰めた人生の中で、自分を解きほぐす手段を知らないことは危険だ。あまりにもがんばりすぎて、自分を追い詰めてウツになってしまうような人のことを思うと、「たまの自堕落、大いにけっこう」くらいの気持ちで生きてもらいたいものだ。

## 心も年をとるけど、代わりに身につくものがある

実際の年齢より若く見える人は、「あの人が年をとっても若々しいのは、心が若いから」「あの人はいつまで経っても心が若い」というような感想を人から持たれたりする。それにしても、心の若さとは何なのだろうか？

私は大学院に通って若い学生たちと勉強している。そのことを知った人から「テリーさん、若い人たちと話すことで刺激を受けて、心の若さを保ってるんじゃないですか?」と聞かれたこともあるが、そういうのを意識したことはない。また、自分が知らないことを、若い人たちから教えてもらおうという発想があるわけでもない。私には、彼らと一緒にいてただ楽しいという感覚があるだけだ。

若い人とデートしたり遊んだりすることで、若返った気分を味わっている人もいるかもしれないが、それはあくまで気分だ。若い人と遊ぶことで快感を覚えて、若返ったような気がしても、本当に若返ったわけではない。錯覚だ。

年をとることは自然の摂理であり、身体だけでなく心も年老いていく。だから「心が若い」なんてことは、ある種の気休めでしかないと思う。

だが、心が若くないことを悲観する必要はない。「身体と心が若いのはいいことだ」という思い込みから、若い人をうらやんだり、年をとったことに焦りを感じたりするほうがよくない。

心が若くないということは、裏を返せば経験を重ねて今までの年齢では理解できなかったものが理解できたり、今までできなかったことができるようになったりしているということでもある。

たとえば、失敗したときなどに「まあ、もう一回やればいいか」と気持ちを切り替える能力なんかもそうだ。この気持ちを素早くリセットする「リセット力」とでもいうべき能力は、年齢と経験を重ねることで得られるものだ。

若い頃だと、失敗したときに立ち直れないほどのショックを受けるようなことでも、年をとると「この程度の失敗なら、あのときも経験している」「あのときに比べたら、この程度の失敗はなんでもない」と考えられるから、多少のことではへこたれないのだ。

心がいつまでも若いということはない。心も年をとるけど、リセット力のように代わりに増す能力もたくさんあるという事実に、老人はもっともっと目を向けるといいいと思う。

## 「千の風になる」なんておこがましい

この年になると、まわりで亡くなる人も増えてくるから、嫌でも死を意識する。世の中で流行る歌にも死をテーマにしたものがけっこうある。大ヒットした『千の風になって』の歌詞も死がテーマだ。そこでは「私」はすでに死んでいて、千の風になっている。

元ザ・フォーク・クルセダーズの北山修さんと話したときに、北山さんが『千の風になって』に関して面白いことを語っていた。『千の風になって』はおこがましいと言うのだ。

あの歌の「私」は風になっているけれど、風になるのはその人の自由だし、誰にも迷惑をかけていないし、格好もいいじゃないかと私は思っていた。

でも、北山さんに言わせると「風なんかじゃなくて、土に還れ」というのだ。人は本来、土に還るもので、土に還ると人の役に立つ。だから、風になってのんきに飛び回ってる場合じゃない、という。

墓の下の真っ暗闇の中にいるより、風になったほうが解放感があっていいなと私は思っていたが、北山さんからするとそれすらおこがましい。その話を聞いて、北山さんは根性がすわっていてすごいなと感じてしまった。

北山さんは、死んでから土に還れといっているわけではないと思う。生きているうちから風になって気取ったりせず、土になれと言っているのだろう。

年老いてから死が近づいているのを意識すると、心が落ち着かなくなったりする。そんなときに風のようになった自分をイメージするより、土になって人の役に立っている自分を想像したほうが、実は気持ちをブラすことなく生きられるんじゃないだろうか。そんな覚悟に似た気持ちを持っているほうが、老いの時間をむしろ豊かにする気がする。

## この期に及んでまだ幸せになりたいか？

この本もそうだが、リタイアしてからの老後の人生について語るとき、「老後の人生が幸せかどうか」が問題になることが多い。いかに老後を幸せに生きるか。定年後にどんな生き方をするのが幸せか。リタイア後も幸福度の高い人生を送るにはどうすればいいか、などなど。

でも、「それって欲をかいてるんじゃないの？」と私は思ってしまう。

現役の頃もほどほど幸せだったのに、この期に及んでまだ幸せになろうとしているのか。それってズルくないだろうか？

私たちの世代がどうこうというわけじゃない。私たちの世代が恵まれていたのだから、老後は欲をかくなと言ってるわけではなくて、老人ならこう考えないとダメなんじゃないかと思うのだ。

年をとっても幸せでいたいと考えるのは保身の始まりだ。

年老いると、保身が格好悪いと思う感覚をどこかで持っていないといけない。それがなかったら、沈み始めたタイタニック号で人々を押しのけて最初に逃げようとした金持ちジイさんと、変わらない生き方をすることになってしまうだろう。

人は一旦保身に走ると、どんどんその傾向が加速していくものだ。だから、自分が保身に走ろうとした瞬間に、それに気づいて「俺の中に悪魔が入ってきた」ぐらいに思ったほうがいい。

世の中が椅子取りゲームみたいなものだとしたら、保身の気持ち丸出しで椅子にしがみつくのではなく、立って椅子を譲るぐらいの気持ちを持ちたい。年寄りだからといって守りに入ると、意に反してろくなオチしか待っていないような気がする。

第2章

# 「第二の人生」なんて作らなくていい

## リタイア後に人生をリセットするな

リタイア後の人生は「第二の人生」と呼ばれる。でも、この呼び方ってどうなんだろう？　まるでこれまでの人生が綺麗に終わって、まったく新しい人生が始まったかのようなニュアンスだ。

「第二の人生」という言葉に促されるように、会社を退職してから自ら蕎麦を打ってお店を開くとか、まったく新しいことを始めようとする。でも、そのチャレンジが必ずしもうまくいくとは限らない。

新しいことを始めるのはもちろん悪くないが、こういう一からリセットするような感覚はよくないんじゃないだろうか。リセットすれば、それだけ大きなリスクを背負ってしまう。リセットには清々しい響きがあるが、往々にしてリスクとセットであることを忘れてはならないと思う。

そもそも「第一の人生を勤め上げたから、これからはがんばって第二の人生を送るぞ！」という考え方は真面目すぎる。もっとずうずうしく第一だけじゃなくて第二、第三、第四ぐらいの人生を同時に早い時期からスタートさせてもいいと思う。並行してスタートさせたら、どれか1個がうまくいかなくても、第三や第四の人生をスタートさせればいい。

たとえば、退職後にもし大きな仕事を始めても、第三、第四のものがすでにあればちょっとした保険になる。

今の時代はネットがあるおかげで、本業以外にネットを利用したサイドビジネスをやっている人がたくさんいる。

「俺は会社勤めしてこれだけ稼いでるけど、こっちでも月に3万円ぐらいは稼げるんだ」と気づいたほうが視野が広がって面白い。そうやっていろいろなことに関心を向けて挑戦していけば、可能性もどんどん広がっていくはずだ。若い頃からそんなことを積極的にやっていれば、リタイア後にリセットして第二の人生を、なんてリスクをとる必要はなくなる。

リタイア後、「第二の人生をこれから送ろうと思っているんだ」と意気込んでいる仲間を尻目に「俺はこれから第五の人生を始めるよ」と言うくらいになれば、その人はもう人生の達人だろう。

## 求められるところが、自分の居場所

つい先日、フォルクスワーゲンから私宛てに電話がかかってきた。フォルクスワーゲングループジャパンの副社長が、車好きの私と会って話がしたいということだった。車の会社にせよ、ファッションの会社にせよ、普通はジイさんバアさんを相手にしていないので、こういう電話がかかってくるのは嬉しい。

私の主な仕事の場所はテレビだが、テレビなんかは特に70歳ぐらいの年齢になると出番がなくなってしまう。ビートたけしさんみたいな大御所ならともかく、私なんかが呼ばれる機会は少ない。テレビを見ても、出ているのは若い人ばかりだ。これはCMを打っているスポンサーを見れば、理由がよく分かるだろう。70歳の人間が買うようなもののCMはほとんど流れていないのだから。

つまり、普通に考えると70歳を迎えた人間の出番はないわけだ。これはテレビの世界に限った話ではないだろう。

私は3フロア借りている会社の家賃もあるから、基本的にはどんな仕事も「ありがとうございます！」という精神でやっている。正直に言えば、やる前には「こんな仕事やりたくねえなあ」と思うものもある。

でも、やってみると帰り道では「やってよかったなあ」と感じる。100の仕事のうち、99はやってよかったと思えるのだ。全力で一生懸命やれば、そういう結果が得られる。嫌な顔をしながらやるぐらいだったら、最初からやらなければいい。

多少自分には合わないなというものでも、仕事があるうちはありがたいと思って引き受けて仕事をする。そうすることで、自分の居場所も見つけられるのだ。

少し話が変わるが、ザ・フォーク・クルセダーズやサディスティック・ミカ・バンドで活躍した加藤和彦さんが2009年に亡くなった。加藤さんは自分の美学で弱さを見せないまま自らの命を絶ったが、遺書の中で「世の中は音楽なんて必要としていない」と書いていた。そこには、自分が世の中から求められていないという思いもあったんじゃないか。自分が求められないというのは、それだけ悲しいことだといえる。

どんな居場所であっても、求められているものがあるのなら、それはどんなものでも幸せなことなのだ。

## 通販番組のタレントは格好いい

じゃあ、どうやって自分の居場所を見つければいいのか。居場所を見つけるためには、ときになりふり構わない必死さも大事だろう。

居場所ということで思い浮かぶのが、みなさんもよく目にする通販番組に出ている芸能人だ。

今、テレビでは実にたくさんの通販番組が放送されている。ああいった通販番組に出ている、旬が過ぎた芸能人たちを世間はどういう目で見ているのだろうか？「昔はもっとメジャーな番組に出てたのに、今は通販番組しか仕事がないのか」などと思う人もきっと多いだろう。実は、私自身も奈美悦子さんが出ているのを見て「俺たちのアイドルが、なんで通販番組なんかに出てるんだよ」と思っていた。

だが、最近は逆にこれはすごいことなんじゃないかと思うようになった。

たとえば、井上順さんも通販番組に出ている。言うまでもなく、井上順さんは私たちの世代にとってはトップアイドルだ。同じザ・スパイダースのメンバーだった堺正章さんは、今もテレビのゴールデンタイムの番組に出るなど第一線で活躍している。じゃあ、一方の井上順さんが通販番組の安いセットの前で仕事しているから、みっともないかというとそうじゃない。井上順さんはやっぱり格好いい。

井上順さんのように、肩の力を抜いて気負いなくしゃべっている姿からは学べるものがある。堺正章さんみたいなポジションにつける人は稀だ。

自分がもし井上順さんのようなポジションを任されたとき、あんなふうにひょうひょうと仕事ができるだろうか。ためらいもなく軽やかにこなせるだろうか。

今まで仕事していた場所より光が当たらない場所に行く。そんなことは誰にでも起きることだ。それを見て「あの人、あんなことになっちゃったね」と言ってる側のほうが本当は格好悪い。そんな状況になってもケロッとやるほうが格好いいし、ある意味、そうやれる人は人生の勝利者だろう。

## 昔の肩書きにこだわるという<br>姑息な楽しみ

世の中には、今まで勤めていた会社を定年退職した後も、現役時代の肩書きにこだわる人がいる。

先日知り合いの編集者がある文壇バーに行った際、大手の出版社に勤めていて最近リタイアしたという人と名刺交換をしたそうだ。すると、その名刺には「元◯◯編集長」と書かれていたという。この話を私にしてくれた人は「ちょっと格好悪いですよね」と言っていたし、私もそう思わないでもない。

リタイアした後も現役時代の肩書きにこだわるというのは、その肩書きがあった頃の仕事をやり切っていないからではないか。納得できる仕事ができていないから、昔の肩書きを引きずっているという面もあるのかもしれない。納得できる仕事ができていたら、「自分はこの会社を辞めるんだ」「老いていくんだ」というプロセスを受け入れられるんじゃないか。

とはいえ、先ほど触れた「元◯◯編集長」という名刺を持ち歩く人を私は否定しない。なぜなら「引退後はこうやって生きるといい」といった答えを導き出す方程式は、ひとつじゃないような気がするからだ。だから、昔の肩書きを利用する人がいたっていいと思う。

こう考えられるのは、私が人を受け入れるタイプで、相手を否定しないからでもある。相手と接するときは否定から入るのではなく、「いいね、それ」「面白いじゃない」と思ってしまう。

もし、私が「元○○○編集長」という名刺を渡されたら、「編集長時代にどういう仕事をしていたんですか？」と質問すると思う。その人は得意になってしゃべってくれて幸せになれるし、私も面白い話が聞けて楽しい。

「元○○○編集長」という過去の肩書きの名刺を持ち歩くのは、姑息といえば姑息だが、そういうふうに人生を楽しんだっていいと思う。

定年後は「昔の肩書きにこだわってはならない」みたいな「○○せねばならない」という考え方は要らない気がする。「○○せねばならない」という固定観念がないほうが、人生は楽しくなる。

現役時代こんなに偉い地位にいたんですよ、とばかりに昔の肩書きをかざして威張る人は、ちょっと迷惑なところがあるかもしれないが、実はその人は自ら弱点を見せているようなものだ。そこをくすぐっておきさえすれば、こちらの言うことにも耳を傾けてくれるだろうし、うまく付き合っていけるわけだから。

## 人の正体を見抜くことに意味があるのか

やたらと人の正体を見抜こうとするタイプの人がいる。こういう人が、前述の元○○○編集長に出会ったら、きっと「今の自分に自信がないから、過去の肩書きにしがみついているに違いない。この肩書きがなければ、自分の存在が確認できなくなるほど寂しさを抱えているんだろうな。退職した途端、家では奥さんから邪険にされているのかも……」などと次々と分析を始めることだろう。

だが、人の正体を見抜いたり、分析したりすることに何の意味があるのだろう。

仕事上では、もちろんそれが必要になることもある。組織の人間や取引相手のことを、「どの程度、信用できるのか」「どういったスキルを持っているのか」などと分析したり、見抜いたりする必要は出てくるだろう。詐欺被害が多い世の中だから、思いもかけないことで近づいてくる人間はどんなことを考えているのか、その正体を見抜く必要もあるだろう。

だが、そうでない場面では、人の正体を見抜く必要はないと思う。

たとえば、私の前では常に笑顔で好印象のAという人物がいたとする。別の人から「いや、Aという男は本当は冷淡で嫌なヤツなんですよ」と言われても、私の前では笑顔で素敵な男でいてくれるなら、わざわざ「こいつ、本当は冷たい男なのか？」と疑いの目で見るようなことはしたくない。

必要がないのに人の正体を見抜く行為は、「あの人、本当はカツラなんですよ！」と陰で言いふらすようなものだ。そんなことをしてその人よりも上に立とうとするのは、私には格好悪い行為に見える。

なぜなら見抜くという行為は、しばしば相手を警戒したり、否定したりすることにつながるからだ。いつもそんなことをしていては、相手のよさを知ることは出来ないし、面白く付き合える可能性だって捨ててしまうことになる。

正体を見抜く前に、見えるままに相手を受け入れる。それが自分の幅を広げ、人生をより楽しくさせるんじゃないだろうか。

## お金のない所ジョージにはなれる

年をとった大人にとって見本になる存在は誰なんだろうと考えたときに、私の頭に思い浮かんだのが所ジョージさんだった。

人生を楽しんでいる有名人を誰かあげろと言われたら、多くの人がイメージするのが所さんだろう。所さんは自分がやって楽しいことを仕事にしている。手先も器用でいろんなことがうまくできる人で、不器用な私にはものすごくうらやましく思える存在だ。

あの屈託のなさも天才的だ。私たち団塊の世代は、戦後すぐに生まれたことでどこかに戦争の尾っぽを引きずった人生を送ってきた。一方の1955年生まれの所さんは文字通り「戦争を知らない子供たち」。そこに私たちの世代があまりうまくできない「好きなことだけを楽しむ」才能の差が出ているのかもしれない。


そんな所さんらしい仕事場兼遊び場が世田谷にある。そこには大好きな車やバイクがたくさん置いてあって、その傍らでは家庭菜園もやっていて、ひたすら楽しく遊ぶ様子がテレビ番組（『所さんの世田谷ベース』）にもなっている。自由人で、いかにも適当という感じがするが、まさにそういうところが所さんの魅力だ。

でも、あれだけの趣味人としての生き方は、所さんみたいな高収入がないと難しい。私も所さんから7～8万円ぐらいのジャケットをもらったことがあるが、そんな額の服を買うだけならともかく、人にポンとあげられる人はなかなかいない。世の中の大半の人にはそんなお金はない。
もっとも、所さんにもしお金がなくても、所さんは楽しく笑いながら「所ジョージ」をやっていると思う。

所さんも、若い頃にはお金のない時代があったはずだ。その頃の所さんが、無趣味でつまらない人生を送っていたとは思えない。お金がなくても楽しんで生きている所さんの姿は想像できるが、お金がないせいで何も楽しんでいない所さんは想像できない。

お金のない所さんは何万円もするような服は買えないけど、安くていい古着は探せるし、高い車は買えないけど、国産中古のヴィンテージカーで楽しくドライブすることはできる。ＤＩＹで家をリフォームしたり、廃材を使ってユニークな家具を作ったりすることもできる。

大事なのは、どれだけ遊び心を持てるかということだ。
老後を退屈なもので終わらせないためには、そんなセンスをいかに磨くかにかかっていると思う。

## 年をとったら革ジャンを着よう

所さんといえば、革ジャンもプロデュースしているが、年をとってから革ジャンを買うのもいいんじゃないだろうか。今までの人生で革ジャンを着たことがないという人は、ぜひ1着手に入れてほしい。

大げさな言い方をすれば、革ジャンを着ることで別人になれる。革ジャンは着るだけで男っぽくなれるし、不良っぽさも手に入れられる。銀行員や公務員みたいな堅い職業だった人には年金で革ジャンを買ってほしい。

革ジャンに限らず、今までしなかった格好をするといいと思う。それだけで気分が変わるし、人生のモードも変えられる。

まずはこれまで着なかった色の服に手を出してみてほしい。ピンクを着てこなかったなら、ピンクのセーターを。白の上着を持ってないなら、白いジャケットを。鮮やかで明るい色の服を着ることが、人生を楽しむ第一歩につながるだろう。

## スーパー老人にはなれないけれど

高齢化社会だからか、メディアで〝スーパー老人〟とでも呼ぶべき人が取り上げられることも多い。たとえば、プロスキーヤーで冒険家の三浦雄一郎さんもそうだし、２０１７年に亡くなった医師の日野原重明さんもそうだろう。

ただ、ああいったスーパー老人は、老人になってから超人になったわけじゃない。もともと若い頃からすごかった人物が、年をとってスーパー老人になったのだ。

三浦さんは70歳、75歳、80歳で通算3度のエベレスト登頂に成功したことや、86

歳でアンデス山脈最高峰のアコンカグアに挑戦したことでも有名だが、もともと30代で富士山からの直滑降に成功しているような人物なのだ。私は三浦さんと何度もお会いしているが、鍛錬のために重りをつけて歩く姿も見ている。あれは簡単に真似できるものじゃない。

我々はスーパーマンではないのだから、スーパー老人にはなれない。だから、スーパー老人たちの健康法をうかつに真似しないほうがいい。下手すると命とりになりかねない。それでも、どこかにストイックな部分を持ち、健康には気をつけたほうがいいとも思う。

70年も生きてきたら、自分の肉体のことは自分が一番よく知っている。自分の肉体がどの程度の運動に向いているかも分かるはずだ。健康を保つための日々の運動というと、ジョギングを連想する人も多いだろうが、年をとってからの運動としてはウォーキングで充分だろう。

以前、中村雅俊さんに日々の運動について聞いたことがある。中村さんは195

1年生まれなのだけれど、体型がずっと変わっていない。だから、どんな運動をして肉体をキープしているのか知りたくなったのだ。

私の「どんな運動をしているんですか？」という質問に対する答えは、「走ってはいないけれど、早足でウォーキングをしています」というものだった。ウォーキングにしっかりとした効果があることは、中村さんの体型が証明している。

私自身も、スポーツジムと極真空手の道場にも通っている。空手は、付き合いで習い始めた。痛いのは嫌だから、痛くない練習をという条件で始めたぐらいで、強くなるつもりはまったくない。あくまで健康のためだ。

## 太った裕次郎が放つメッセージ

ジムと道場通いには、体型を保つという目的もある。私は洋服が好きだから、好きな服を着られるように体型をキープするという意識もあるのだ。好きな服を着たいという欲求を、運動のモチベーションにつなげるのはよい方法だと思う。

私が太るのを避けたいと強く思うようになったきっかけのひとつは、石原裕次郎さんだ。『太陽にほえろ！』や『西部警察』のボスとして裕次郎さんを認知している世代からすると、はじめから裕次郎さんは恰幅のいいおっつぁんというイメージかもしれない。

だが、私たちの世代からすると、細面で、こんなに格好いい人がいるのかと思うくらい強烈なインパクトがあった。眩しいジェームズ・ディーンのような匂いを持った青年だった。

こんなことを言うと裕次郎ファンには怒られるかもしれないが、裕次郎さんが本当に輝いていたのは、デビューしてから4年ぐらいの間だったんじゃないかという気がする。それ以降は、名誉職のような感じで仕事をしていたと思う。それが太ってしまった姿に象徴的に表れていた。そう私には感じられたのだ。

対照的に高倉健さんの体型は亡くなるまで変わらなかったが、その背景として裕次郎さんを反面教師にしたというところもあるのではないだろうか。

高倉健さんと同じように見た目が変わらないスターとして、吉永小百合さんもいる。吉永さんは1日1キロ泳ぐというが、それは健康のためというより、女優・吉永小百合の看板を保つためにやっているのだろう。

健さんも吉永さんも自分のためというより、ファンをがっかりさせないために努力を続けているという面があるはずだ。自分のためよりも、誰かをがっかりさせたくない、誰かに迷惑をかけたくないという思いのほうが、努力のための原動力になるのかもしれない。

## 同世代のライバルを見つける
## ――私のライバルはリチャード・ギア

高倉健さんや吉永小百合さんの変わらなさについて書くと、まるでアンチエイジングを推奨しているようだが、そうではない。私は体型をキープしようとしているが、それは若くあろうとしているわけではない。

格好よくありたいと願っているし、そのための努力もするが、それは老いに逆行しているのではない。もう若くはないのだから、アンチエイジングに励むのはあまり格好よくないし、無駄な努力に思える。

アンチエイジングではなく、自分の年齢を受け入れながら、格好よくありたい。そのためのいい方法としておすすめしたいのが、自分と同年代のライバルを見つけるということだ。

私にもそういうライバルがいる。ハリウッドのスター、リチャード・ギアだ。リチャード・ギアは1949年生まれで、私と同い年。私が年をとると、彼も年をとる。彼を見て、「そうか、こういう着こなしをしてるんだな」「こういう形で女性と接しているのか」というふうに参考にしてきた。下の世代のブラッド・ピットや、上の世代のショーン・コネリーを参考にするのではなく、同世代のリチャード・ギアをライバルとして意識して、お手本にもするし、負けないように張り合ってみる。

同世代の格好いい存在をライバル視することは、自分の格好よさを保ってくれる。アンチエイジングにこだわるより、ずっといい影響を与えてくれるだろう。

## 自分にキャッチコピーをつけて演出する

アンチエイジングで老化に抗おうとする人は、自分の中の感覚と実際の年齢との間にギャップがあるのだと思う。「自分は○歳だ」ということが素直に飲み込めないのだ。

これは高齢者だけに限った話ではない。たとえば、20歳になって成人になったときに、実感が伴わなかった人は多かったのではないだろうか。30歳になったときも「俺は30代にふさわしい大人になっている」とは感じられなかった人が大半だったと思う。

自信を持って成長している人なんて、ほとんど存在しないのだ。

だからこそ、年を重ねる際の自己演出は、生きる上でのうまい作戦になるだろう。

私は30代を迎えるときに、周囲に対してある宣言をした。「これからはサーティーラブだ」と、事あるごとに言ったのだ。サーティーラブ、つまり恋する30代になるよという意味である。

それまでだって女の子のことを口説いていたが、さらに堂々と「自分は恋する30代だから、あなたのことを口説きますよ」と女の子たちに迫った。こうすることで、自分という人間を周囲に打ち出した。

この自己演出は、分かりやすく言えば、自分にキャッチコピーをつける作業だといえる。


昔、歌手の松浦亜弥ちゃんが人気絶頂だった頃、彼女が「私はセクシー&キュートなんです。セクシーだけじゃダメなんですよね。キュートがないと」と私に語ってくれたことがある。彼女は自分のことがちゃんと分かっていて、セクシー&キュートというキャッチコピーをつけて自分を演出して、みんなを魅了していた。彼女と私を並べるのも恐縮だが、彼女も私のようにキャッチコピーを活用していたのだ。

テレビ業界の仕事で多忙を極めていたときに、「眠れない夜もたまにはいいもんだ」というキャッチコピーが、ふと私の頭の中に浮かんできたことがあった。「こんなに仕事に追いまくられるなんて……」と思うと嫌になってくるが、このキャッチコピーが頭の中にあると「今の俺ってCMの登場人物みたいで格好いいな」と思えたのだ。

高齢者も自分にキャッチコピーをつけて「こういう自分になりたい」と自己演出していけば、やがてその理想像に近づけるだろう。

たとえば「枯れ木も山の賑わい」と自嘲的にコピーをつけたり、老いらくの恋に励もうという人が「ジゴロ翁（おう）」と自らを呼んでみたり、あるいは「G－SHOCK（爺ショック）大作戦」でも「Viva（美婆）！ エイティフォー（84

歳）」でも、何だっていい。アンチエイジングなんかよりも、年を重ねた自分とずっとうまく折り合えるはずだ。

## 自分の強みを知れば自己演出の達人になれる

自己演出がうまいなと感じさせる芸能人に壇蜜がいる。そもそも芸能人は「自分にはこういう魅力がある」「私はこういう才能があります」といった自己演出がうまいものだが、その中でも壇蜜にはずば抜けたものを感じる。自己演出の天才だ。

彼女は葬儀社で働いた後に、29歳でグラビアの世界に入った。遅いデビューだったが、30代でブレイクして、今もさまざまな場で活躍している。

彼女の成功の要因は、自己演出にある。

テレビ番組などで壇蜜と一緒に仕事をすると、彼女があえて前に出ようとしていないことに感心させられる。アイドルやお笑い芸人などは少しでも爪痕を残そうと「自分が自分が」と前に出ようとするが、壇蜜はその道を選んでいない。誰もが面白いことをコメントしてやろうとしている中で、彼女はおっとりとただ微笑んでいるだけだったりする。そうすると、むしろ周囲は壇蜜が何を考えているか気になってくる。結果的に、視聴者の印象に残るのは壇蜜なのだ。

壇蜜という芸名も色気を感じるよい名前だが、実はこれも彼女自身がつけたものだ。壇は仏壇から取り、蜜はお供え物を意味しているという。宗教とエロスを融合させた名前を自分につけるのだから、見事なプロデュース能力だ。

壇蜜には昭和の女優の匂いがある。桃井かおりさんや秋吉久美子さん、高橋惠子さんなどに通じるアンニュイな魅力があるのだ。今どきの女の子たちが活躍する平成〜令和の芸能界において、檀蜜が生き残っているのも、自己演出の能力に優れているからだろう。

彼女のように自分の中の強みが何なのか分かれば、自分をどういう方向性で演出すればいいのかが見えてくる。高齢者が張りのある生活を送るのにも、自分の強みを意識してそれをちょっと演出してみるのもいいと思う。そんな遊び心が心身の健康にもきっとつながるはずだ。

## 気分が盛り上がる企画を立ててみる

私は仕事柄、「こんなことをしたら楽しいんじゃないか」「こんなことをしたら面白いことが起きるんじゃないか」と、いつも企画を考えている。

そういう企画でビジネスをしている知り合いもいる。サントリーの元社員なのだが、会員を集めて、フレンチの三國清三シェフと語ってフレンチを食べる会や、ソムリエの田崎真也さんとワインを飲む会などを開いているのだ。

ビジネスという形でなくても、こうした企画を立てて実行してみると人生が面白くなる。

この知人は、人脈を活かしてグルメ関係のイベントを開いていたわけだが、自分だったらどういうことができるか、どういうことをしたいかと考えてみるといい。

私だったら、ファッションが好きだから『テリー伊藤と行く穴場の洋服屋買い物ツアー』『テリー伊藤と行くヴィンテージ洋服ツアー』などをやってみたい。私自身は変わった服が好きだが、こういう企画の場合は、ダンディに見える服や若々しく見える服のコーディネートを予算を決めて行うといいだろう。

「自分ならどういう企画ができるか」と考えたとき、自分のできることに価値はないと思いがちだが、決してそんなことはない。商品価値に気づいていないのは当人だけというのは、往々にしてあることなのだ。

こうした企画は、お金がかからないものでいいと思う。

たとえば、飲食可能なレンタルスペースや、持ち込み可能なカラオケボックスなどを使って、「持ち寄りグルメ」をするのも楽しいだろう。つまり、場所だけを用意して、そこに食べものを持ち寄ってみんなで食べるのだ。私なら、実家の築地の丸武の卵焼きを持っていきたいところだ。

ハワイアンに精通した知人がいるのだが、彼はアマチュアの人たちが100人ぐらい集まってそれぞれ演奏を行う、計3〜4時間ぐらいのイベントをやっている。ひとりの持ち時間は2分程度だが、出るほうは勇気がいるし緊張もする。リタイアしたらなかなかない緊張感が味わえる、よい機会となるだろう。

## 若い頃の趣味を企画に役立てる

企画を立てる際には、昔やっていた趣味を復活させることをおすすめしたい。

せっかく自由になる時間ができたのだから、「若い頃は夢中になれる趣味があったけど、仕事が忙しくなっていつの間にかそれに時間を使わなくなった」という人は、もう一度趣味に取り組むべきだ。そして、その趣味を企画に結びつけるといいだろう。

たとえば、自転車が趣味だったけど仕事が忙しくて何十年も乗ってないという人は、自転車ツアーを企画してみる。学生時代にバンドをやっていたけど、長らく楽器に触っていないという人はライブを企画してみる。カメラが趣味だったけど、全然写真を撮っていないという人は撮影旅行を企画してみる。


現役世代で仕事をバリバリやっている多忙な人でも、プライベートで趣味が充実しているという人は少なくない。趣味が直接的に仕事と関連していなくても、趣味が何らかの形で仕事に活きているという人もいる。

「これが好きだ!」と言える趣味があることは、人生の武器になる。これはリタイアした後の高齢者においても当てはまることなのだ。若い頃に好きだったものがあれば、企画や第4章で述べる「死ぬ前の宿題」を考える際のいいヒントにきっとなるはずだ。

# 長屋のような老人ホームが理想

いずれは老人ホームに入ることを考えている人もいることだろう。のちのち自分が入る老人ホーム選びのために、住宅展示場を見学するようにイベント感覚で老人ホームを巡ってみても楽しいだろう。

私自身も老人ホームを見学したことがあるが、そこは立派すぎるところだった。お金持ちが利用する高額の老人ホームで、部屋はすべて個室。まるで高級ホテルのようだった。窓の外には緑があり、廊下には誰も歩いていない。とても静かでよい環境なのだが、これは自分には合わないと感じた。

何が合わないのかというと、ここで過ごすことになると、何をするか常に自分で考えなければいけない時間ばかりになりそうで辛いなと思ったのだ。

もちろん自分で考えて行動することはボケの防止にもいいし、悪いことじゃないのだが、老人はある程度、まわりに振り回される環境のほうがよいのではないだろうか。そのほうが元気が出ると思う。自分の意志や思考回路とは別のところで自分の行動が決まるのは、いい意味での緊張を与えてくれるからだ。

たとえば、朝8時に起きようと思っていたところ、7時に外の物音で目が覚める。午後はゆっくり本でも読んでいようと思っていたのに、近所を散策していたら知り合いから俳句を作る催しに誘われて参加する……。そんな予期せぬ小さな出来事が日々起こるのは、生きていくエネルギーを誘う刺激になるに違いない。

だから長屋のような老人ホームがあるなら、そちらのほうがいい。長屋なら、うるさいジイさんやバアさんがいて、子供の泣き声も聞こえてくる。

知り合いが入っている別の老人ホームを見学したこともあるが、そこは雰囲気に活気があってよかった。みんなが集まる広間みたいなところもあり、テレビも流れていて、人のざわつきがあり、常に音がしていた。私には、こちらのほうが高級老人ホームよりずっと魅力的に感じられた。

生活に音があるほうがいいという意味では、老人ホームは小学校や幼稚園、保育園の近くにあるほうが私にとってはいい。最近は「うるさい」からという理由で、幼稚園や保育園の建設が住民から反対されることもあるが、私には子供たちの朝の声で目が覚めるのは幸せなことに感じられる。

誰にも邪魔されない満ち足りた環境よりも、こうした騒がしい環境で暮らすほうが間違いなく生命力が養われる。

山登りが趣味の人に、知らない人と一緒に寝る山小屋での宿泊について聞いたことがあるが、そういうのが平気な人のほうが若さを維持できると思う。知らない人がいる山小屋で寝られるのなら、どんな老人ホームでも楽しく過ごせるだろう。

「野人のような神経を持ちたいけど、そう簡単にはなれないよ」と思う人は、まず家の中で寝る場所を変えてみたらどうだろう？　いつもの寝室ではなくて、居間や玄関、廊下、夏だったらベランダで寝てみる。そんなちょっとした挑戦からやってみてほしい。

# 鈍感力は老人の武器になる

昔、鈍感が生きていく上で大いに武器になるという「鈍感力」をテーマにした本が、ベストセラーになったことがあった。老いていくと人はひとつのことに神経質にこだわってしまう面が出てきたりするが、それ以上にいろいろなことに鈍くなる。それこそ、つまらない些事にいちいちとらわれたりしない鈍感力が、増す傾向にあると思う。ボケとは違うそんな鈍感力に気づいたら、否定したりしないでしめしめと思ったほうがいい。

本当の鈍感力とは違うのだが、私のカミさんはここぞというときだけあえて鈍感になれる疑似鈍感力の持ち主だ。

ちゃんとしたカミさんがいながら、私はこれまでの人生でさんざん浮気をしてきたどうしようもない男である。さすがにカミさんに「俺、浮気してるよ」と言ったことはないが、「昨日、横浜でデートしてさ」などとラジオでしゃべったりするので、その話がカミさんの耳にも入っていたらしい。

結婚当初、浮気相手から家に電話がかかってきて、それをカミさんがとったこともあった。浮気相手からしたら、自分という女がいることをアピールしたかったのだろう。

だが、カミさんは淡々と「うちの主人と付き合うのはやめておいたほうがいいですよ。電話してきたのは、あなたでふたり目だから。そういうとんでもない男なの」と答えたという。

私はこの話を、電話をかけた女の子から聞かされて、カミさんの強さに恐れ入った。繊細な傷つきやすい女性だと、旦那の浮気相手からの電話にこんな対応はできないだろう。

念のために言っておくが、これは「俺はこんなにモテた」という自慢話ではない。女の子が電話をかけたのも、妻がいるのに私が彼女と付き合ったからだし、カミさんが疑似鈍感力を発揮したのも私が浮気したからだ。

余人が真似できないような疑似鈍感力を発揮するカミさんはすごいと思うが、同時にカミさんと女の子のどちらにも申し訳ない思いを抱いていることは表明しておきたい。

# 第3章

# 「孤独」や「死」なんて当たり前

## 人が孤独なのは当たり前

テレビや雑誌で、高齢者の孤独死が取り上げられることがある。取り上げるメディアはどれも「孤独死は悲しいものだ。孤独死になってはいけない。孤独死を避けるにはどうすればいいか」という論調だ。

実際、自分が孤独死しないか不安を感じている人は多い。家族がいたとしても、「熟年離婚したら自分は孤独死するんじゃないか」「妻が先に他界して、子供が面倒を見てくれなかったら、自分は孤独死するだろう」などと不安に感じている。

だが、孤独死なんて当たり前のことなのだ。人の死は、すべて孤独死。孤独死以外の何物でもない。たとえ、死の瞬間に100人の大家族に囲まれていたとしても、死ぬのは自分ひとりだけ。「あー、この中で俺だけが死ぬんだな」と思いながら死んでいくのだ。

大学生の頃に、私は左目をケガして入院した。

週末の金曜日や土曜日には、たくさんの仲間が私の病室に見舞いに来てくれたが、私とひとしきりしゃべると、彼らは互いに目配せし合って「じゃあ、また来るからな」と出ていってしまう。何のことはない。私の病室は都合のいい待ち合わせ場所として使われていたのだ。

そのときに、まあ人生なんてこんなもんだよなと悟るものがあった。たくさんの仲間に囲まれていても、人生は端から孤独なのだ。

孤独は人が生きている間、ずっと付きまとうものなのだ。

今はSNSが充実していて、顔も合わせたことのない人とも交流できるようになっている。あれもお互いの寂しさを埋めるためというよりも、孤独を共有するためという意味合いが大きいのではないか。

生きている以上、人は孤独からは逃れられない。孤独は空気のようなものだから、孤独を感じられるうちはむしろ幸せだ。

だから、死ぬときに「俺はひとりで死ぬのか」と孤独を嘆いて、なんの意味があるのだろう。誰だって死ぬ。そこには早いか遅いかの違いがあるだけなのだ。

## 孤独死は馬鹿げた言葉だ

『原爆の子』『三文役者』などを撮った、映画監督の新藤兼人さん。新藤さんは最初の奥さんと離婚して、女優の乙羽信子さんと結婚したのだが、乙羽さんは1994年に病気で亡くなっている。それから新藤さんはひとりで生活していて、その暮らしぶりがテレビで流れたことがあった。年齢が90代半ばの頃だ。朝起きて、お茶を沸かして、ひとりで飲む。生活のいろんなことを全部自分でやる。いい暮らしだなと、テレビを見ながら私はしみじみと思った。

私には子供がいないから、妻が先に逝ったら、私も新藤さんと同じように自分のことは自分でやらないといけない。そして、それは当たり前のことだと思う。新藤さんがひとりで生活しているのも、かわいそうだなんて少しも思わなかった。孤独とも感じられなかった。むしろ、格好いいなと思った。

「孤独死は問題だ」と騒ぐのは、当然ながら死んだ人ではなく部外者だ。

もちろん、「誰かに看取ってほしかった」と考えながら亡くなる人もいるかもしれない。だが、孤独を愛して「ひとりでひっそりと死にたい」と考える人も間違いなくいるだろう。

そういった人の意向を無視して、「孤独死はいけない」と一方的に判断するのはよくない。

2009年に亡くなった女優の大原麗子さんは、晩年は公の場に姿を見せず、亡くなった際も死後に発見されるという形だったため、孤独死と報じられた。

マスコミの論調は「人気女優の非業の死」「スターの悲しき最期」というものだったが、私は疑問を感じた。どうして大原さんの死が悲しいものだったと決めつけるのか？　ひょっとしたら、大原さんは自分が亡くなるところは誰にも見られたくないと考えていたかもしれないじゃないか。

ひとりで死ぬことを孤独死と決めつけて、悲しい最期だったと勝手に憐れむ。亡くなった人に対して、あまりにも失礼ではないか。

孤独死なんて、馬鹿げた言葉だと思う。ひとりで死ぬというのは当たり前のことなんだから、わざわざ「孤独死」なんて名前をつけなくていいのだ。

## 死後1週間経って発見されてもOK

「孤独死なんて当たり前」と言うと、こういうふうに反論する人もいることだろう。

テリー、違うよ。俺が恐れているのは死んだ後のことなんだ。孤独死して、何日も経ってから死んでいるのが見つかって、そのことでまわりに迷惑をかけるのが嫌なんだ。

こうしたことが心配な人は、自治体でひとり暮らしの高齢者を見守る活動を行っているところもあるし、家族や知人に自分の安否を知らせるスマホのアプリなどもあるから、そういったサービスに頼ればいい。

私自身は死後1週間経って発見されたって、ひとり暮らしだったらしょうがないと考えている。「それは悲惨な死に方じゃないか？」と聞かれても、別に悲惨とは思わない。

それよりも、死んだことに気づかれなかった1週間によって、私の人生が悲惨なものだったと判断されるほうが嫌だ。最期の1週間のことでとやかく言われたくない。それまで生きてきた何十年間のほうが大事だろうと思うのだ。

死後1週間経っての発見でも構わないと考えるのは、私にとって「たかが死」という思いがあるからかもしれない。

死というのは、ドラマや映画などフィクションの世界ではドラマチックに描かれる。それを見ていた私は、若い頃には「さぞや死とは劇的なものなのだろう」と思っていた。

だが、母を亡くしたときにようやく分かったが、死はあっけなくやってくるのだ。そこにはドラマになるような要素はまったくなかった。

体の調子を崩した母は「じゃあ、ちょっと行ってくるわ」と、いつもと変わらない様子で病院に行って入院した。私たちが見舞いに行っても、深刻な話や感動的な会話などしなかった。

いつもの日常生活の延長線上で、母も私たち家族も過ごしていたが、あるときに容態が急変し、あっという間に死んでしまった。

私は「なんでこんなことになったんだ!」という憤りを感じるのと同時に、死の非ドラマ性も感じた。

死はどこにでもあるものだから、特別視する必要もない。孤独死でもなんでも構わないなと思うのだ。

## 「終活」って、シケてないか?

自分の死に備えて、さまざまな準備をする「終活」。2009年ぐらいから世間に広まった言葉らしいが、私自身はまったく終活に興味が持てない。

終活ってシケてるなと思ってしまう。だから終活的なことはまったくやっていない。服は大量にあるが、それだって知り合いの洋服屋が引き取って持っていってくれるだろうから、まったく心配していない。

終活で家族への感謝の手紙を書くこともあるそうだが、そんなことやりたくもない。さんざん浮気をしてきたくせに、最後に帳尻合わせをするみたいにいい人ぶったって馬鹿みたいだ。そんなものを書くほうがカミさんに怒られるだろう。

だって、葬式にはこれまで付き合ってきた女の子が10人ぐらい来る可能性がある。

そんな状況で、カミさんに感謝の手紙なんかを書いたら、カミさんにも女の子たちにも失礼だ。

自分だけ綺麗に人生を終わらせるなんて、私はやりたくない。

生きてる間に自分の持ち物の整理をすることも、店じまいの段取りをつけているようで、まったく楽しくない。

終活で綺麗にフェイドアウトする人生なんて、魅力を感じない。スパッと終わる映画のカットアウトみたいな人生でいいと私は思っている。

## 私の棺桶はロバで運んでほしい……

自分が死んだ後、どういった葬式が行われるのが理想なのだろうか?

私自身は暗いものが好きではないから、しんみりした葬式はやってほしくないと思っている。葬式だって面白いものがいい。そちらのほうが、わざわざ来てくれた人も楽しめるだろう。

私の葬式として、こういうものをイメージしている。西部劇で、よく死体を馬やロバが引きずって運ぶという場面がある。それを私の葬式でやってほしい。さすがに死体をそのまま引くことはできないだろうから、私が入った棺桶を車ではなく、ロバで引いて斎場まで運ぶのだ。


葬式の後は墓を作ることになるのだろうが、石の墓なんか要らないと思っている。私には子供もいないし、墓を先祖代々守っていってほしいなんて考えていない。木製の墓で充分だ。その木が朽ちて壊れたら、もうおしまいでいい。わざわざ墓を建て直す必要もない。

私の死の30〜40年後には、もう私のことを知っている人もほとんどいなくなるわけだから、ずっと存在し続ける墓なんかなくていいのだ。戒名だって、つけてもらわなくてけっこうだ。

たかが死なのだから、大ごとにしなくていい。周囲に迷惑や労力をかけてほしくないという大前提があるから、葬式は来てくれた人が楽しめるものにしたいし、墓もそんなものでいいと思っている。

## 若いうちから「老い」を先取りしておく——五木寛之の見事な作戦

人生において、意外と有効な作戦として、「老いの先取り」というものがあると思う。

小津安二郎さんの映画で有名な笠智衆さんを思い出してほしい。笠さんは1953年の『東京物語』で老夫婦の夫を演じたが、このときの年齢は49歳という若さだった。その年齢で原節子さんの義父を演じたのだ。

優れた老け役として評価された笠さんは、見事に老いを先取りしていた。

人間って若さを前面に出していると、老いが早く来てしまう。周囲からも「あの人、老けたね」と思われてしまう。だが、最初から老人を演出していると、ずっと変わらない。言ってみれば、万年青年の逆のようなものだ。

年老いていく中で万年青年であり続けることは不可能だが、老いの先取りなら若いうちからできる。早めに意地悪ジイさん意地悪バアさんになって、まわりを手のひらで転がして生きていく、言ってみれば〝老い老い詐欺〟みたいな人生も楽しそうだ。

作家の五木寛之さんも、笠智衆さんとはまた違った形で、老いを先取りしている人だと思う。いつの頃からか、早い段階で老成したイメージの人になっている。書くものに関してもそうだ。ユーミンは青春の揺れ動く心を描いているが、五木さんは老人の揺れ動く心を描く。それがビジネスになっている。

皮肉ではなく、偉い、うまいと思う。こう言えば高齢者がついてくるという術を知っている。五木さんの著書を読んで、読者は〝なんちゃって五木〟になって老人生活を楽しく送るのだから、大したものだ。

老人と呼ばれることに抵抗のある人も多いだろうが、笠智衆さんや五木寛之さんを見習って自分から老いを演出してみせるのも、ひとつの作戦としてありだろう。

## 死ぬ死ぬ詐欺

老いを先取りした俳優といえば、もうひとり、樹木希林さんが頭に浮かぶ。

１９７４年からＴＢＳ系で放送された『寺内貫太郎一家』で、希林さんは小林亜星さんの母親役を演じた。小林亜星さんの息子役が西城秀樹さんだったから、ドラマ内では亜星の母にして秀樹の祖母だったのだ。希林さんが演じた「きん」は沢田研二のファンで、年甲斐もなくポスターに向かって身悶えしながら「ジュリ〜！」と叫ぶのが面白かったわけだが、このときの希林さんはまだ31歳だった。

希林さんみたいに、実年齢より上のような雰囲気を自分から演出すると、ずいぶん楽になるはずだ。老けることへの恐怖も薄れるだろう。

高田純次さんも、自分のキャラを活かして老いの先取りをしていて面白い。腰なんか曲がっていないのに、「ジイさんだから、最近、腰が曲がっちゃって」と言ってみせたりする。

希林さんや高田さんとは対照的に松岡修造みたいな熱くてパワーのあるキャラだと、年老いたときには路線変更が必要になるだろう。彼はまだ50代で若いから問題がないが、60代や70代でもああいう路線で行くと、いつかは辛くなる。そうなると家に帰って、その若くて熱い仮面を脱ぐような生活になる。本人はいいかもしれないが、奥さんは大変そうだ。

そう考えると、先に老いを演じておく人生も悪くないと思えてくる。

「死ぬ死ぬ詐欺」という言葉を記者会見の席で口にしていたのが、希林さんだ。全身ガンであることを告白した後も女優活動を続けていて、出演した映画の舞台挨拶で「死ぬ死ぬ詐欺」と言ったのだ。「遺作になることを望まれていて」「死ぬ死ぬ詐欺みたいでごめんね」と語って、笑いをとっていた。

年をとると病気や健康に対するグチも増えてくる。グチは、言う側はいいだろうが、聞いている側はストレスが溜まるだけだ。そんな中、希林さんの死ぬ死ぬ詐欺みたいな言葉は笑える面白いグチだ。面白いグチなら聞く側も歓迎してくれる。こうした面白いグチを言うのも、生きる上でのうまいテクニックのひとつだろう。

## しんどくても死んでなければ大したことはない

先日、母校である早稲田実業の古希のクラス会を私の仕切りで行った。

この年になっているから、体の調子が悪い連中もたくさんいる。中には脳梗塞を患ったヤツもいた。そいつの話を聞くと、今の生きがいは花を植えることだという。都電荒川線の町屋に住んでいて、線路沿いに花を植えているそうだ。彼が植える花は近所の人を喜ばせている。「喜ばれてるんだよ〜」と嬉しそうに語るそいつを見て、私は「お前はサムライだよ！」と思ったし、そう言った。

脳梗塞で体が不自由なんだから、本当は助けてもらう境遇なのに、リハビリをする中で花を植えて人々を喜ばせている。

花を植えている彼は、そういう状況にありながらネガティブなことを一切口にしなかったし、私もクラス会ではふざけたことばかり話して、ネガティブなことは一切しゃべらなかった。我々の苦労なんて大したことないと思っているからだ。

災害などの悲惨な事故や、不幸な事件に巻き込まれて亡くなった人のことを思えば、我々の不安なんて取るに足らない。同世代の友人ともそんな話をすることが多い。「我々が抱えてる問題なんて大したことないじゃん。いけるいける。まだ死んでないんだから」と語り合っている。

クラス会で会った同窓生たちにはいろんな連中がいて、先ほどの脳梗塞になった彼も含めて、私だったら精神的に参ってしまうんじゃないかという境遇のヤツが他にもいる。そういうヤツでもみんなと他愛もない話をし合って終始笑っていた。それを見ると、好き勝手生きてる自分に悩みごとなんてあるのかと思う。

もちろん、自分の中で辛さを感じることはあるが、それは人には伝わらないものだし、伝えなくていいんじゃないかと思っている。「弱音を言う相手がいない」と悩んでいる人もいるかもしれないが、弱音を言う相手なんていなくていい。そう思っているから、私は弱音を誰かにしゃべるということをしない。

私がもし弱音を吐くとしたら、それは同業者でも友人でもない。たとえば地方の港町なんかをブラリと旅して、そこで出会う漁師のオヤジにポロッと弱音を語ったりするのかもしれない。

## 自分の命より若い人の命を優先したい

年老いると、人は精力も含めていろんなものを失っていく。だが、年齢を重ねたからこそ至れる境地もある。ここ1～2年ぐらいで、私の中で強くなっている思いがある。

分かりやすく言えば、タイタニック号に乗っていたら、船が沈み始めたときには自分より先に他の人を救命ボートに乗せてあげる。それに似た気持ちがあるのだ。

若いときはそんなことは全然考えなかった。人を蹴落としてでも救命ボートに乗ってやろうという気持ちがあった。だが、そういう考えは消えてしまった。格好つけているわけではなく、自分の命より若い人の命を優先したいという思いがなぜか生まれてきた。

自分の今日の幸せよりも、後世に残る人の幸せを考えるようになった。たとえば、自分が命を投げ出すことで幼稚園児が10人助かるのなら、自分の命は要らないなと思うようになったのだ。そのことをワイドショーで4日間ぐらい特集されて、「テリー伊藤が子供を10人助けて死んだんだって」「あのときのテリー伊藤は格好よかった」「さすが、テリー伊藤！」と言われるなら本望だ。

若い頃は、自分がこういう思いを抱くようになるとは考えたこともなかった。年をとったからこそ、こういうふうに考えられるようになったのだから、高齢者になるのも悪くない。

自分の命よりも、若い人や幼い子の命を優先したいという思い。これって裏を返せば、自分の死が以前より恐くなくなってきたということでもあるのだ。

## 死を恐れない人の特徴とは？

私見だが、自分の死を恐れない人には、ある傾向があると思っている。総じて真面目に生きる人、他人に尽くしている人は死を恐れない。

反対に不真面目に生きている人は、「自分は充分に生きていないのに、このまま死んでしまったらどうしよう」と考える。だが、常にベストを尽くしている人、他人のために人生を捧げている人は、「自分はやれるところまでやった」という思いがあり、「これまでの人生で、ああすればよかった」という後悔はないので、死が恐くない。

私の尊敬するある女性は、年老いた母親の介護をしている。毎日、献身的に母親の世話をしている彼女からは、「できることを日々、全力でやっている」という強さを感じる。

彼女とは正反対の生き方をしている人だと、どうだろうか。

自分のためだけに何かを中途半端に追い求めた人生だと、「こんなところで人生が終わってしまうのか!?」と死を強く恐れることだろう。

死を恐れない境地に至る道筋はいろいろなものがあると思うが、「真面目に生きる」「誰かに尽くす」というのもその道のひとつだろう。

## 安楽死・尊厳死という選択肢があっていい

「病気になって元気に動けなければ、長生きしても意味がない」と考えても、今は発達した医療技術で寝たきりのまま生かされる。それでいいのだろうか。

そう考えたときに思い浮かぶ選択肢は、安楽死・尊厳死だ。安楽死と尊厳死に関しては、いろいろな意見や議論があるが、私は賛成派だ。

安楽死とは、薬によって苦痛を与えずに人を死に至らせることであり、尊厳死とは、病で末期の状態にある人などが生命維持の処置を受けず、人間としての尊厳を保ったままの形で死に臨むことである。

世界では安楽死・尊厳死が法律で認められている国もある。オランダでは2002年から安楽死を認める法律が施行されている。「苦痛が耐えがたく、改善の見込みがない」「安楽死の選択が自発的で、熟慮されている」などの要件を満たした人は、決められた手続きで医師が行う安楽死を選ぶことができるのだ。オランダ以外でも、スイス、アメリカの複数の州やカナダ、韓国などでは安楽死が法律で認められている。

日本では、脳死と判断された患者の人工呼吸器を外した医師や、末期ガンの患者の死期を薬で早めた医師が罪に問われるという事件があった。これらの事件をきっかけに、自分が患者だったらどうするかと考えた人もいるのではないだろうか。

家族が病で倒れて介護を受ける立場になったとき、その介護のせいで家庭が崩壊してしまうこともある。その人はそうまでして延命されることを望むのだろうか。そうなったときに安楽死・尊厳死という選択肢があることが、その人にとって救いになるような気がする。

前述のように、私自身は安楽死肯定派だ。重い病気になってカミさんやまわりの人に迷惑をかけるぐらいなら、とっとと死んでしまいたいと考えている。

## 家族のために死を選んだケース

私の周囲にも、そういった理由から自ら死を選んだ人がいる。

同級生の父親で、築地で働いていた男性が自殺したのだ。70代でも築地の街を自転車で走り回って元気に仕事をしていて、家族や街の人にも愛されているお父さんだった。

とても自殺をする人とは思えない。そんな人が死を選んだ。

後日、その理由を知った。奥さんに先立たれていたお父さんは、「この先、もし自分が介護が必要になってしまったら、娘に迷惑をかけてしまう」と考え、それだけは我慢ができないと考えて、死を選んだのだ。

同級生のお父さんとして、私も大変お世話になっていたので、もちろんもっと生きていてほしかったし、突然の死は悲しかった。遺された同級生のことを思えば、なおさら悲しくなる。家族はもっともっと悲しいはずだ。

だが、それと同時にお父さんの意思を尊重したいという気持ちも抱いた。どうしてもお父さんを責められないのだ。

「自分はこれまでに充分生きたから、介護で家族に迷惑をかけるぐらいならあの世に行きたい」というお父さんの考えは、安楽死にもつながるものだろう。

「テリーさん、あなたは自殺を肯定するのですか？」と聞かれたら、あのお父さんの死を自殺という言葉でひとくくりにしないでほしいと答えたい。

## 自分がボケる不安より、家族がボケたらどうするかを考える

高齢者のよくある不安として、「自分がボケてしまったらどうしよう……？」というものがある。ボケてしまって今までできていたことができなくなるんじゃない

か、いろんなことを忘れてしまうんじゃないか、変な行動をとってしまうんじゃないかと不安になる。

だが、ボケについて考えるべきなのは、自分がボケたときのことではなく、ボケてしまった人とどう接すればいいかだ。たとえば、奥さんや旦那さんがボケてしまった際に、どう対応すればいいかということだろう。

もちろん、ボケてしまわないような努力は日頃からしておいたほうがいいが、そうなってしまうことは実際にあるのだ。

『夜のヒットスタジオ』の司会でもおなじみの芳村真理さんと、最近ご一緒した。

これは芳村さんご自身がテレビでも語っていたことだが、亡くなった旦那さんは晩年の10年間、認知症にかかっていたという。旦那さんの大伴昭さんは、日本ポラロイドやカルティエ・ジャパンの社長を務めた実業家で、タキシードの似合う、とてもダンディな男性だった。

大伴さんはご自分の親御さんも認知症だったため、自分自身もそうならないか不安を感じていたという。

だが、その不安が的中し、大伴さんは認知症になってしまった。芳村さんと大伴さんは１９６８年に結婚して、ずっと一緒に暮らしていたのに、芳村さんのことが分からなくなってしまった。一緒に家にいても「あなた、誰ですか？　もう遅い時間ですよ。自分の家に帰らないんですか？」と言われてしまう。芳村さんを自分の奥さんと認識できなくなることがあったのだ。

ショックを受けた芳村さんが医師に相談したところ、「旦那さんに寄り添ってあげてください」と言われたという。つまり、旦那さんから言われたことを否定せずに接するのだ。

「自分の家に帰らないんですか？」と言われた芳村さんは、「じゃあ帰ります」と一旦、家の外に出て何時間かしてから「ただいま〜」と家に戻る。そうすると、大伴さんも「あ、お帰りなさい。遅かったね」と奥さんが帰ってきたという感覚を得られたようだったという。

この話を聞いて、私は自分がボケることを不安に思うよりも、奥さんや旦那さんなど身近な家族がボケたときに、どう接すればいいかを考えておくことが大事だと改めて認識したのである。

## リタイア後、急に奥さんに頼るのは甘い

ずっと仕事一筋で家庭を顧みていなかったのに、リタイアした途端、旦那が急に心細くなって奥さんに甘えるようになる。これってかなりずうずうしいことだ。

私自身も好き勝手に生きてきた。今だって好き勝手に生きている。だから、カミさんには何の文句も言えないことを自覚しているし、実際に文句は言わない。

ちゃんと家に帰るようになったのも最近のことだ。その前は仕事が忙しくて半年ぐらい帰っていなかったが、飼っていた犬が亡くなり、うちは子供がいないので、これではカミさんがひとりになってしまうと思い、家に戻ることにした。これで帰らなかったら自分が本当に極道者になると思ったのだ。

私も自由人だが、カミさんも自由奔放に生きている。ただ、カミさんの場合は自らそうしたいというよりも、私のせいでカミさんがマイペースになってしまったのだと気づいた。

実は、知人から「テリーさんの奥さんってマイペースですよね」と言われるまで、カミさんがマイペースであること自体に気づいていなかったのだ。

原因は私にある。カミさんからしたら、夫婦でいろんなものを築き上げていきたかったのかもしれないが、私はそれに協力しなかった。勝手に生きていて、家にも帰らなかった。

我々夫婦は離婚という選択肢をとらなかったから、カミさんとしてはテリー伊藤という出来の悪い男と夫婦でいるためには、マイペースでいればいいんだと考えたのだと思う。いちいちテリー伊藤という勝手な男のほうを見て気にしていたら、常にイライラしてとてもじゃないがやっていけない。だから、そうしたものを自分の中で断ち切ったのだろう。カミさんのマイペース主義は結局、自分を守る手段として生まれたものなんだと自分を責めながら思っている。

## 夫婦の「トリセツ」は絶えず更新すべし

『妻のトリセツ』という本が最近話題になった。それだけ、妻の言動が理解できないという男性が多いのだろう。私は著者の黒川伊保子さんとテレビの現場で2回ほど会っているが、この本の内容は、理解できない妻の怒りや感情をＡＩ研究者の黒川さんが脳科学の立場から分かりやすく解説するというものだった。

私は脳科学者でもＡＩ研究者でもないが、トリセツについて思うところがある。もし、妻や夫にトリセツがあるのなら、そのトリセツは古いままではダメだ。「昔、あいつはこうだったよな」という考えは、現時点の妻には通用しないことも多い。逆に夫の立場としては、妻が今の自分に当てはまらないことをしてきたら、

「そのトリセツは古い。俺はもうバージョンアップしてるんだよ」と言うべきだろう。映画の『トランスフォーマー』じゃないけど、夫も妻もどんどん変化していけばいい。その変化に合わせて、トリセツもバージョンアップさせていけばいいのだ。

第4章

# 老いれば心は成熟するのか?

## 若い世代から「早くクタバレ！」と言われる生き方を！

以前『「いい人」をやめると、ハッピーになる』というタイトルの本を出したことがある。日本人はいい人であろうとするが、そのことが人生を息苦しいものにしてしまっているのではないかと私は考えている。

本当は、人はネガティブでもいい。気が弱くてもいい。自信がなくたっていい。他人に甘えたっていい。「いい人でなくちゃいけない」という思い込みから自由になれば、人生は変わるはずだ。

いい人にならなくていいのは、高齢者も同じだ。「年をとって、あの人は丸くなった」と言われる人が多いように、高齢者にはいい人が多い。それと同時に、「いい人疲れ」をしてしまっている高齢者も多い。高齢者の7割ぐらいは、いい人疲れを起こしているんじゃないだろうか。いい人であろうとして、その強迫観念に押しつぶされそうになっているのだ。

「わがまま」は一般的に言ってほめ言葉ではないが、私はわがままになることは悪いことではないと思う。「いい人でなくちゃいけない」という風潮に対抗する意味でも、わがままに生きたっていい。

むしろ、若い世代から「早くクタバレ！」と思われるぐらいの生き方をしたほうがいい。

先述した元ザ・フォーク・クルセダーズで精神科医の北山修さんに「北山さんは老人としてどう生きていくのか？」について質問したことがあるのだが、北山さんの答えがすばらしかった。北山さんの回答は、「若い連中から、『あいつ、やっとくたばったか』と言われるような生き方をしたい」というものだったのだ。

第1章でも触れたように、北山さんには私の大学院での論文のために話を聞いたのだが、泉谷しげるさんにも老人としての生き方について質問した。世間の泉谷さんのイメージは暴れん坊だから、てっきり悪態をつくような答えが返ってくるかと思ったが、「俺はみんなと支え合って生きていきたい」というのが泉谷さんの答えだった。

北山さんと泉谷さんの答えは対照的だが、どちらが正しい、どちらが間違っているということではないと思う。泉谷さんのまわりの人々と連携しようとする生き方もすばらしいし、北山さんの「いいジイさんになんか絶対になりたくない」という生き方もすばらしいと思う。要は、「いい人でなくちゃいけない」という思い込みから解放されることが大事ではないだろうか。

## いい人ゆえに人生を後悔する

高齢者になって「自分の人生はこれでよかったのだろうか」と悩んでしまう人は、今までの人生を好き勝手に無茶苦茶に過ごしてきた人ではなく、むしろ真面目にいい人として生きてきた人なのだと思う。

周囲に気をつかって誰も傷つけないようにして、自分の欲望を抑えて生きてきた。そんな人が年齢を重ねて自分の人生を振り返ったところで、こんな生き方でよかったのかと疑問を感じているのだ。

そんな人にはいっそのこと、いい人の殻を脱ぎ捨てることをおすすめしたい。「大人の分別」という言葉もあるが、ここまで何十年もしっかりと分別のある人生を送ったのなら、もう充分だろう。やり残したことがあって人生の最期に後悔するぐらいなら、自分のやりたいことを優先して暴れ回ったほうがいい。

いい人というのは往々にしてバランス感覚に優れている。しっかりと周囲の空気が読めるのだ。だが、世の中では空気を読まない人のほうが成功することも多い。

飲み会の席などで、大皿に料理の最後の1個が残っているのを見たことはないだろうか。誰もが遠慮して手を出さないから、美味しい料理ほど最後までひとつだけ手をつけられずに残っているのだ。結局、みんなで遠慮し合った結果、誰も食べないまま宴会は終わってしまう。

空気を読まない人なら、気にせず箸を伸ばして美味しい料理を味わえる。

ホリエモンこと堀江貴文などは、こうした空気の読まなさが武器となっている。彼は世の中を敵に回すことを恐れていないので、ズケズケと思ったことを口にする。彼を嫌う人も多いが、同時に一定の層からしっかりと支持も集めている。

私もホリエモンと同様に、テレビのコメンテーターとして好き勝手にコメントしている。そんなとき、いい人と思われようとはまったく考えていない。万人に好かれることなど絶対に不可能なので、自分の思ったことを発言するだけだ。その結果、視聴者の一部にでも「テリー伊藤って面白いこと言うな」「意外といいこと言うな」と思ってもらえればいい。

嫌われるのを恐れないことで得られる評価もある。いい人をやめることで獲得できるものも、確実に存在するのだ。

## 悪評は存在感の証明だ

これまで周囲の目を気にして、いい人を続けてきた人にとって、いい人の殻を脱ぎ捨てるのは勇気がいることだろう。「波風を立てないように生きてきたのに、これでは悪評が立ってしまうのではないか……」と、そんな心配をしてしまうはずだ。だが、悪評を気にして自分が望むように生きられないのでは、もったいない。どんな評判が周囲で流れようと、毅然とした生き方をしなければいけない。

そもそも悪評を流しているヤツは、面と向かって文句を言うことすらできない弱い相手なのだから、気にする必要もない。悪評を立てるようなヤツを相手にすると、自分のレベルを下げることになってしまう。

毅然としていれば、周囲も悪評を流している側のほうが格好悪いということに気づくだろう。

「悪名は無名に勝る」という言葉もあるが、世間から注目されている人で、まったく批判されていない人はいない。批判の声すらない場合は、存在を知られていないといえる。たとえばタレントなら、まったく世間から注目されていない状態よりも批判の声がある状態のほうがいい。

もし、いい人をやめて自分が思うように振る舞った結果、悪評を流されたとしても、それは自分にそれだけの存在感があったという証拠だ。胸を張っていい。

## 嫉妬しないものに目を向ける

もし、寝たきりになったら、と想像してみる。寝たきりとまではいかなくても、身体の自由が利かなくなって頻繁に外を出歩けなくなったときに、自分がどうするかを考えてみた。

身体がそういう状態だと、テレビ番組には出演できなくなる。たぶん、そうなったら私はテレビを見なくなると思う。テレビが好きで、テレビ業界でずっと生きてきた、この私がだ。そういうふうに、一番愛していた存在が嫌なものになってしまう瞬間が人生にはあると思う。

実は、今でもテレビを見るのが嫌になる瞬間がある。正確に言うと、テレビを見ていて嫉妬してしまうのだ。「この番組、面白いな。いいなあ、この出演者の人たちは番組に呼ばれて。俺は呼ばれてないじゃないか」と悔しさを感じてしまうことがあるのだ。

そんな状況では、テレビを見ることが嫉妬につながってしまう。自分の身体の自由が利かなくなったら、昨日まで一緒に番組に出ていた仲間が今日もがんばっていても、番組が面白くてよかったなとは思わず、嫉妬心を抱いてしまうのだ。

これは私だけじゃないだろう。たとえば、和田アキ子さんや小林幸子さんは今、大晦日には紅白歌合戦を見ていないんじゃないか。出たいと熱望しているのに、自分が出ていない紅白を穏やかな気持ちで見られるだろうか?

年老いていく中で、自分が一番愛していたものが嫌いなものになり、自分から一番距離があるものへと変化してしまう。

じゃあ、そんなときにはどうすればいいのか？

嫉妬しないものに目を向けるようにすればいい。人が関わったもの、人が作ったものは、「自分は関われなかった」「自分には作れない」と感じて嫉妬の対象になってしまう。

人間が作れないものだったら、嫉妬の対象にはならない。山や海、川のせせらぎなどに人が憧れるのは、人間が作れないものだからだろう。60歳を過ぎてから山に登りたいと考える人が多いのも、理屈に合っている。年をとるにつれ、人間が作れないものに惹かれるようになるのではないか。

自分が今まで好きだったものが嫉妬の対象になってしまったときは、自然のものを見たり、自然のものに接したりすればいいと思う。

## 「謙虚は美徳」を捨ててみる

年老いるほど、人は成熟して人格者になる。

いや、そうならないといけない。

そう考えている人もいるのではないだろうか。だが、「若い世代から『早くクタバレ！』と言われる生き方を！」の項目でも触れたことだが、「いい人にならないといけない」という思い込みは人生を不自由で窮屈なものにする。

だから、高齢者はもっとずうずうしくなっていいと思う。人との関係において、もう一歩踏み込んで、お願いしたり甘えたりしてもいいんじゃないだろうか。

私も最近、ずうずうしいかなと思いながら頼みごとをした。

日本ハムの清宮幸太郎選手のお父さんの清宮克幸さんと会う機会があった。清宮さんは日本ラグビーフットボール協会の副会長だから、「ラグビーのワールドカップのチケットが手に入らないんですよ。清宮さん、なんとかなりませんか」とダメもとで頼んだのだ。

こう見えて私は、「無理なお願いをしたら、相手に申し訳ない」と考えてしまうので、あまりこういうお願いごとはできないタイプだった。今までだったら、こんなことは言えなかったのだが、ずうずうしく人に頼ることも大切なんじゃないかと考えるようになったのだ。

よく「謙虚は美徳」と言うが、それは嘘だと思う。むしろ「謙虚でなければいけない」という思い込みで、自分のよさや本当に言いたいことを隠してしまっていることのほうが多いように感じる。

人はそんな思い込みからは自由になって、自分の中でずうずうしさを解禁すべきだろう。

結局、私の「ワールドカップのチケットが欲しい」という頼みごとは「無理」の一言で断られてしまったが、それは構わない。ずうずうしいかなと思っても、人に頼ること自体が大事なのだ。やせ我慢をして、人に頼れないほうが問題だ。

ちなみに、頼みごとをするとき体に触ってくる人がいる。仕事関係の知り合いの男性が「テリーさん、お願いしますよ〜」なんて言いながら、こちらの体にタッチしてくることもある。親しみを表して、お願いごとを聞いてもらおうとしているのだろう。私は女の子には触れるけど、男へのボディタッチはできないから、皮肉じゃなくてこれはすごいと感心してしまう。

抵抗がない人は、同性に頼みごとをする際にボディタッチしてみてもいいのかもしれない。

## 頼みごとをするなら聞く力を発揮せよ

年をとってくると自分でできないことが多くなるせいか、日常の雑事において人に頼みごとをする機会が増えてくるものだ。

頼みごとをするには、相手とうまくコミュニケーションをとる必要がある。

「自分はしゃべるのが苦手だから、他人とコミュニケーションをとるのが下手だ」という人も多いことと思うが、コミュニケーションをとる上で大事なのは「話す力」ではなく、むしろ「聞く力」だ。

私は対談や取材で多くの人の話を聞いているが、そのときに心がけていることがいくつかある。

そのひとつは、相手が一番しゃべりたいことを最初に聞くというものである。話の本命が別にあるとしても、まずはその人が話したいことから聞くのだ。相手がしゃべりたいことであれば、こちらは相づちを打つだけで向こうから率先して話してくれる。そうやって舌がなめらかになったところで、こちらが聞きたい話題を振れば、それもスムーズに話してくれる。

自分の優先順位で話題を選ぶのではなく、相手が話したい話題、話しやすい話題から入っていけばいいのだ。

こちらの聞きたいテーマが、相手からすると話したくない話題である場合はどうすればいいのだろうか。

不倫などで世間を騒がせた人との対談では、やはりその話題について聞きたいが、いきなり核心に触れると相手は心を閉ざしてしゃべってくれなくなる。

ここでも前述のとおり、自分の優先順位で話題を選ぶことはしない。まずは相手がしゃべりたいことを聞く。そうやって相手の話を聞くうちに、信頼関係が生まれて「テリーさんになら話してもいい」という気持ちになって、「実はあの件は……」と語ってくれるようになる。ここでも大事なのは、聞く力なのだ。

相手に頼みごとをするようなシチュエーションで、ずうずうしく自分のお願いを伝えるのなら、その前に相手の話を充分すぎるほど聞いた上で、お願いを切り出す。そうすれば、頼みごとの成功率はぐっと上昇するだろう。

## 妄想は神様からのプレゼント

ずうずうしさを解禁することをすすめてきたが、高齢者はあれもこれもしてはいけないと変に禁欲的にならず、妄想力の解禁もしてみたらどうだろうか？

妄想は人間だけに与えられた神様からのプレゼント。これが私の持論だ。妄想力があれば、現実から離れたオアシスを手に入れることができる。それに妄想である限り、誰にも迷惑をかけることはない。

たとえば、昼間に入った喫茶店で気になる女性を見かけたとする。家に帰ってから、奥さんがお風呂に入っている間とかに「いい女だったな。きっと若い頃はモテたんだろうな」などと考えてみる。別にその女性にアプローチをするわけじゃないから、罪にはならないし誰も傷つけない。そして、妄想の中では昔の初恋みたいな感覚を味わえる。

妄想の中には、人や世間を恨んだり、妬んだりする悪い妄想もある。悪い妄想はほめられたものではないが、こうした悪い妄想を止めるのは難しい。「あいつがいなければ自分が出世したのに……!」「あいつをぶん殴ってやりたい……!」といった妄想が自分の頭の中に生まれる。「こんなことを考えるなんて、俺は嫌なヤツだ」と自分のことを否定したくなるが、悪い妄想はなかなか打ち消せないものだ。

こういった悪い妄想は、無理矢理消さなくていい。悪い妄想が自分の中にあることを自覚することが大事なのだ。

プロ野球選手の中にも、「あいつがケガしたら、俺にチャンスが回ってくる」「あいつがケガしたら、俺は大活躍できるだろう」みたいな妄想をしてしまう人がいることだろう。

でも、そんな彼も試合に出てファンから喜んでもらえたときには、ファンの歓声に感じるものがあるはずだ。そのときには、ファンの歓声に応えたいという思いが生まれるはずだ。自分が抱いてしまった悪い妄想を否定するんじゃなく、それを自覚すれば、ファンに恩返ししようという思いは一層強くなるんじゃないだろうか。すなわち悪い妄想でも、視点を変えれば自分をいい方向へ向ける逆バネとしてうまく使えるわけである。

他人から見れば妄想でも、本人にとってはそうではない場合もある。たとえば、新大陸は必ずあるはずだというコロンブスの主張は、当時の多くの人からは妄想扱いされたことだろう。

変なことを告白するが、私はあの謎の多い世田谷一家殺人事件の犯人をずっと推理していて、犯人をこの手で捕まえることをずっと考えているのだ。私の家の近所が犯行現場となったので、カミさんが家にいるときに警察が「何度もすみません」とたびたび聞き込みに来ていた。私自身も事件後に親族の方と会っているので、事件に関して思うところがあり、「犯人を捕まえて、懸賞金を遺族の方に」と勝手に考えてしまうのだ。

さらに、「あのテリー伊藤が世田谷一家殺人事件の犯人を捕まえる!!」と、マスコミが大騒ぎして熱く報道するシーンを頭の中に思い浮かべることもある。

人からはとんでもない妄想として片付けられそうだが、私にとってはいつか本当に現実化させたいことであり、決して妄想などではないのである。

## 妄想力を逞しくすれば不安がやわらぐ

日本人の9割は心配性といわれている。

老いも若きも、これからの人生の不安を口にする。多くの人が保険に入って、せっせと貯金している。たくさんの稼ぎがあって、充分な蓄えがある人ですら不安を感じている。これはもう国民性のようなものといっていいだろう。

まだ現実には起きていない問題を怖がって、不安に思っている人もいる。「息子がグレてしまった。どうしよう」という悩みなら理解できるが、「うちの息子はグレるかもしれない。どうしよう」と起きてもいないトラブルで不安を感じている人がいるのだ。

余談だが、私自身は、こうした日本人のネガティブな考え方自体は悪くないとも思っている。ネガティブシンキングには、ポジティブシンキングにはないよいところがあるのだ。心配性であるがゆえに、細やかな気遣いや危機管理能力が発揮されるのだから。


それはさておき、こうした心配性の自分を癒すことができるのが妄想なのだ。妄想している間は、老後の暮らしの資金のことや、家族の行く末などといった悩みからは解放される。

「そんなのはただの現実逃避にすぎない！」と言われても、現実から解放されるための有効な手段がそもそも妄想なのだ。現実とは違うことを考えて楽しんだり、癒されたりするのが妄想なのだから、その力を利用しない手はないだろう。

## 「最後の恋」は繰り返す

なるべく格好よく生きたいと願う人は多いだろう。だが、格好よさというものは一面的ではない。たとえば、はいつくばっているような生き方は格好悪く見えるかもしれないが、そういう姿勢だからこそ生まれる格好よさもあるのだ。

恋愛でも、未練たらしい態度は格好悪く見えるかもしれないが、私には格好いいものに感じられる。

この年齢になってから仲間たちと話していて、よく飛び出す言葉が「これが最後の恋だな」というものだ。カミさんと死に別れた友人が「俺、新しい女と付き合おうと思ってるんだけど、勇気が出ねえんだ」と、まるで10代や20代のようなことを言っている。

もし、その恋がうまくいかなくて、そいつが泣いたとしても、私は格好いいと思う。その年になって恋で泣けるなんて、青春だ。みっともなくのたうち回っても、格好悪いことじゃない。

「最後の恋」と言いながら、何度も玉砕して最後の恋を繰り返している仲間もいるが、それも格好悪くはない。

高齢者が失恋して傷つくということは、まったく恥ずかしいことではない。


「年齢を重ねて、自分は傷つくことがなくなった」と語る人もいるかもしれないが、成長しても人は傷つきやすいものであることに変わりないと思う。

そもそも、打たれ強い人なんていないというのが私の持論だ。

飛び込みの営業が得意な人間も、平気で女の子をナンパできる人間も、断られた際にはちゃんと傷ついているのだ。

面の皮が厚そうな芸能人だって、収録中にギャーギャーやり合った後にはシュンとしている。彼らは自分の打たれ弱さを知っているからこそ、必死にガードしながら意見を押し出しているわけだ。

もちろん、中には信念があって何を言われても動じないという人もいる。だが、世の中の大半の人は私も含めてそんなタイプではない。みんな、打たれ弱いのだ。

では、打たれ弱い人間はどうすればいいのか？

重要なのは回復力だ。打たれ強そうに見える人は、傷ついた後にしっかりと自分を回復させているから、周囲には打たれ強い人と思われているのだ。

回復力を発揮するためには、ゴムマリのような柔軟性が大事だ。「柳に雪折れなし」ということわざがあるように、硬い木の枝のような強さは一回折れてしまったら終わりだが、しなる柳の枝は雪がのしかかってきても折れない。

打たれたときは受け流したりして、正面から全部を受け止めることがないようにする。それも回復力を早めるひとつの方法だ。

落ち込むことは人生において当たり前のことだ。そんなことが起こらない人生はありえない。だから落ち込んで当然だし、傷ついたほうが人間を深く知って、人間力も増す。そんな前提でいつもいたほうがいい。それもまた回復力を強くする心構えになると思う。

## ノスタルジーに積極的に浸る

老後の娯楽として最適なんじゃないかと思っているのが、ＹｏｕＴｕｂｅだ。ＹｏｕＴｕｂｅはまさに映像のアーカイブで、無数の動画がアップされている。その中には、過去のミュージシャンたちの映像も多く含まれている。自分が青春時代に好きだったミュージシャンの映像を見れば、当時の記憶があっという間によみがえってくる。

私は、昔を懐かしむ行為って悪いものじゃないと思う。

過去の映像だけじゃなく、そのミュージシャンが現役なら、今の彼、彼女、彼らが歌い、演奏している姿を見ることもできる。たとえば、サイモン＆ガーファンクルなら、比較的最近の彼らのライブ映像も見られる。彼らが今でもちゃんと声が出て歌えていることにも感動する。

サイモン&ガーファンクルといえば、映画『卒業』で使われた『サウンド・オブ・サイレンス』が有名だ。『卒業』は日本では1968年に公開されたが、当時、私は玉川大学のスキー部のふたつ年上のなっちゃんという女の子のことが好きだった。なっちゃんは英文科だったので、サイモン&ガーファンクルの『スカボロー・フェア』も英語で歌えた。

YouTubeでサイモン&ガーファンクルを見た途端に、『スカボロー・フェア』を歌うなっちゃんの姿を思い出した。彼女は今、元気でやっているんだろうか。それと同時に、年をとったポール・サイモンとアート・ガーファンクルが、ジーパン姿でステージに立っているのを見て、「お、やってるやってる。俺もがんばらなくちゃ!」と励まされるのだ。

昔を懐かしむだけでなく、元気も出てくるのだから、高齢者の娯楽として打ってつけだ。

家に居場所がない人でも、外に出てスマートフォンでYouTubeを見たり、漫画喫茶のパソコンでYouTubeを見たりすることをおすすめしたい。

## キレる高齢者は何が問題か

キレやすい老人たちのことを取り上げた『暴走老人』（藤原智美・著）というノンフィクションの書籍が話題になったことがある。2007年に出版されたこの本は、世間でよく知られているキレる若者ではなく、キレる高齢者を取り上げたことで注目された。

私の考えとしては、老人に限らずキレる人は、自分の中に余裕がないことでキレてしまうのだと思う。最近、煽り運転が問題となっているが、キレて煽り運転をするような人も自分の人生に釈然としないものがあるのだろう。

幸せでないから怒ってキレてしまうのだ。現状が幸せで余裕があれば、他人の振る舞いにやたら目くじらを立てることもない。満たされていないと、「なんで隣の家は真夜中に電気をつけてるんだ！　眩しくて寝られない！」と、些細なことでキレてしまう。

私自身は若い頃はそれなりにキレていたが、この年になるとそういうことは滅多になくなった。それは、自分がテレビなどのメディアに出る特殊な立場だからという理由もある。「こんなことでテリー伊藤がキレていた」と言われるのを避けようと考えてしまう。腹が立つことがあっても、相手がよほどメチャクチャでなければ何も言わない。自分を抑えることが習慣になっていて、いいのか悪いのか自分でも分からないが、抑える力が養われたのだろう。

そんな私だが、最近ある場所に来ると、キレるわけではないがその二歩手前くらいの気分になることがある。私の家の前に電信柱が立っているが、散歩中の犬が必ずそこでオシッコをするのだ。１匹だけではなく、そこを通る全部の犬がオシッコをかけていく。

効果があるのかどうか分からないが、犬猫よけ用の水入りペットボトルでも置こうかとも思ったが、見た人に「犬のオシッコを気にするなんて、テリー伊藤って心が狭いな」と思われるんじゃないかと考えて実行しなかった。

それに、私の家の前でオシッコをしなくなったとしたら、今度は別の家の前で犬たちはオシッコをするようになるんじゃないか。ババ抜きのババを押し付けたような形になるんじゃないか、とも考えたのだ。

だから、結局、私がこの問題に関してとった対策は、なるべく考えないようにするというものだった。うちのカミさんなんかは、このことを話しても「そんなことあったの」とケロッとしているが、このぐらいいい意味で鈍感なほうが強く生きていける。

キレる高齢者は、「自分の人生はこんなものじゃなかった」という不満のはけ口として、誰かを怒鳴ったりしていることがあると思う。「なんで夜にゴミを出すのよ！」と怒鳴っているオバさんは、ゴミではなく、自分の人生への不満からくる余裕のなさから怒鳴っているのかもしれない。

キレやすい人は、自分がキレる本当の理由に気づくことが大事だと思う。

## クレーマーにも見るべき点はある

企業や店舗などに理不尽なクレームを入れる、悪質なモンスタークレーマーが社会問題になっている。

クレーマーの中には、高齢者も多いという。

こうした高齢者のクレーマーは企業や店に怒鳴り散らしていたりするので、キレる老人と近い存在といっていいだろう。

高齢者クレーマーは、企業に説教まがいの電話を繰り返しかけたり、若い女性店員に「接客態度がなっていない！」「もっとしっかりした安全対策をしろ！」などとひとりよがりな正義感をぶつけたりして、迷惑がられるケースも少なくない。

クレーマーは企業や店にとって厄介な存在だし、クレームを入れ続けるクレーマー自身の精神状態も心配になってくる。

だが、クレーマーの批判精神自体は無視できないものがある。

実際のところ、モンスタークレーマーの中には的を射た正論を言うので、企業側も反論しづらいタイプもいるという。実際にクレームがきっかけで商品が改善されたり、新たなサービスが生まれたりする例もあるそうだ。

商品を作ったり、企画を考えたりする際には、こうしたクレーマー的な思考回路を頭の中に30％程度入れておくと、「あ、これだとこういうクレームが入るな」と気づくことができる。

モンスタークレーマーになってはいけないが、クレーマー的な思考回路は役に立つということは覚えておいていいだろう。

## 私のアンガーマネージメント法

人はキレるとき、キレる対象に対しての怒りや憎しみで心の中がいっぱいになっている。

しかし、キレる瞬間まではその怒りにとらわれているものの、キレてしまった後には自己嫌悪を感じることも多いのではないか。「ああ、こんなことでキレてしまって、なんて自分は小さい人間なんだろう」「自分は人間ができてないから、この程度のことですら我慢できなかった」などと思い、自分が未熟な人間であることを実感するのだ。

裏を返せば、キレそうになったときは、自分の至らなさ、未熟な点を再認識できるチャンスともいえる。

怒りをコントロールするための心理療法の「アンガーマネジメント」が最近、日本でも注目されている。本家のアンガーマネジメントの具体的な方法は「怒りのピークといわれるカッとなった6秒間をやり過ごす」というもので、怒りの感情を消すのではなく、怒りの感情とうまく付き合うことを目指している。

実は、私も自分なりのアンガーマネジメントを身につけている。

怒りや憎しみを感じたときは、「人を憎む俺って格好悪いな」「人を憎むって流行ってないな」と考えるのだ。

こう考えることで、怒りや憎しみの感情は消えていく。

私にとって「格好悪い」と「流行ってない」は何よりも嫌なものだから、人に対する怒りを消してくれるキーワードになっているのだ。

## 嫉妬心が原因の夫婦ゲンカはもったいない

夫婦間で、夫が妻にキレる、妻が夫にキレるということもあるだろう。「自分もキレたくはない。相手の悪いところを注意したいだけなので、うまい怒り方、うまい指摘の仕方を教えてほしい」という人もいることだろう。

私は番組制作会社をやっていることもあって、部下の叱り方について相談を受けることがある。だが、私はほとんど部下を叱ったことがない。生徒に正しいことを教える学校の先生とは違い、常識から外れたことをする業界の人間なのだ。だから、「正しいことをしろ！」などと叱ることはない。私が部下に言うのは、「飲酒運転をするな。ドラッグをやるな」ぐらいのことだ。部下がミスをしたときも、怒るのではなく、「自分はこいつのよい面を引き出せているか」ということが気になる。

夫婦や恋人の間でも、これは同じである。

相手の欠点を指摘するのは簡単なことだが、そこで怒るのではなく、「自分は彼女のよいところを引き出せていないから、こうなっているんじゃないか」と自問自答すると、ふたりの関係はよいものになる。

これは私の知り合いの夫婦のエピソードなのだが、食べてばかりで太ってしまった妻に対して、旦那は「そんなに食べることが好きなら、食べ歩きや料理について書く、グルメのブログを始めたらどうだ」とすすめた。すると、彼女は人気ブロガーとなり、お金まで稼げるようになった。彼はただ叱るのではなく、妻のよさを引き出したのだ。

夫婦間のケンカの原因として、よくあるのが嫉妬だ。「俺よりも妻のほうが稼いでいる」「旦那が趣味の創作活動で評価されていて悔しい」などといった嫉妬心から衝突してしまうのだ。

嫉妬を覚えるということは、ある意味、相手をライバル視しているといえる。ライバルということは、いいアドバイスをくれる存在なのではないか。

だったら、嫉妬心からケンカするのではなく、「もっと稼ぐにはどうすればいいと思う？　転職したほうがいいのかな」などと素直に相談すればいい。

相談されると、相手も「この人は私を頼りにしてくれてるんだ」と嬉しく思うものだ。ヒントも得られて、ふたりの関係もよくなるのだから、いいことしかないではないか。

## 絶望を毎日繰り返せるか？

老いてくると負の感情にとらわれることが多くなる。絶望もそのひとつだ。

「テリーさん、絶望にはどう立ち向かえばいいんですか？」と聞かれたことがあるが、そもそも絶望を何日も何日も持続することなんてできるのだろうか？

「月曜日、絶望した。火曜日も絶望した。水曜日も絶望した。木曜日も絶望した。金曜日も絶望した。土曜日も絶望した。日曜日も絶望した」

こんな感じだと、絶望に飽きてしまわないだろうか。

うつ病の人はこういう感じかもしれないが、病気ならちゃんと病院に行くべきだ。病気でもなければ、絶望の感情というのは、ずっと持続できる感情ではないと思う。だから絶望しているという感情が芽生えたら、この絶望は果たして何日続けられるんだろう？　というぐらいの視点で眺めるといいだろう。

「そう言われても、やはり絶望は絶望だ。どうにかしてほしい」という人には、その絶望を客観視することをおすすめしたい。

親に怒られて絶望している小学生や、失恋して絶望している10代の少年少女は、本人からしたら本気の絶望かもしれないが、リストラされた40代の会社員から見たら冗談にしか思えないだろう。

だが、その会社員の絶望も、難病で余命幾ばくもない人や戦争で国を追われた人などから見れば冗談にしか思えない。

つまり、「もうおしまいだ」と感じている絶望は、自分で勝手に線引きして「これは絶望だ」と決めたものにすぎないのだ。

本質的なことを言えば、人生は底なし沼のようなものであり、「絶望だ！」と感じているのは、まだまだ浅いところだと思ったほうがいい。

絶望は自分で決めるものではないのだ。

## 虚しさは歯の痛みのようなもの

虚しさも、絶望と同じように持続しない感情だろう。歯の痛みみたいなもので、感じた瞬間は心が疼くが、何日も続くものではない。

そもそも虚しさとは何だろうか？　辞書を引くと、「空っぽ」「中身がない」「何の役にも立たない」「頼りにならない」という意味だと分かる。

虚しさを感じているということは、それまでは何かが自分の中にあって空っぽではなかったということだろう。その何かとは、夢や希望だろう。そういったものが自分の中にある間は虚しさを感じないが、なくなった途端に虚しさを感じるようになるのだ。

けれども、それまであった夢や希望なんて、けっこう単純なきっかけで変化する他愛もないものだったりする。

家族にかまってもらえないことで虚しさを感じる高齢者もいるそうだが、そのとき、自分が虚しさを感じていることをまわりに知ってもらおうとしているのなら、それはずうずうしいと思ったほうがいい。自分が若い頃、祖父母や高齢になった父母にどういう接し方をしていたかを思い出せば「ああ、こんなもんなんだなあ」と納得するのではないか。

孫が相手をしてくれなくて虚しさを感じている人には、何を甘ったれているんだと言いたい。そもそも、端から孫との距離はくっついていないほうがいいのだ。孫にとって、祖父母と一緒にいる時間が楽しいかどうかを冷静に考えてみてほしい。お小遣いをあげたり、孫が欲しがっているオモチャを買ってあげたりするときは喜ばれるだろうが、一緒に遊んで孫が楽しいと思うだろうか？

子供は、自分が本当に楽しいと思うことに対して素直だ。

「孫が相手にしてくれなくて虚しい」という感情は、自分を主役と捉えているから生まれてくるのだ。孫が主役と思えば、孫が楽しいと感じることを優先すればいいだけだ。そうすれば「孫が自分と遊んでくれなくて虚しい」なんて不満は出てこないだろう。

子供や孫にかまってもらえなくて虚しいという人は、子供や孫の立場に立って考えてみたらいい。相手の立場に立つことができれば、自分が感じる虚しさを理由に相手の行動に注文をつけることもなくなるはずだ。

## 寂しさは喜びを深く感じ取るスパイスになる

老いて寂しいという人はごまんといる。でも寂しいという感情は決して悪いものではないと思う。

寂しくなったときは、その感情にあえて浸ってみるといいのではないか。たとえば、さびれた温泉宿に一人旅で行ってみる。そのぐらいわざとらしく、寂しいという感情を味わってみてもいいと思う。徹底して寂しさを掘っていくと、きっと違う感情が湧いてくるような気がする。

私自身も寂しさに浸ることがある。

12月27日は私の誕生日だが、この日は私の会社の仕事納めになることが多い。仕事が終わると、みんなでお寿司を食べて、ケーキを食べて誕生日を祝ってもらうこともある。

それはもちろん嬉しいことなのだが、ひとりでの帰り道には寂しさを感じてしまうのだ。

たくさんの女性から「テリーさん、誕生日おめでとう！　今度デートしましょうよ」って祝ってもらって、「行こうよ！　オッパイ、触っていい？」「やだー！」とバカみたいな話をして楽しい気分になっても、「じゃあ、お疲れ様」とひとり車で帰る道は、年末という雰囲気も手伝って切なさを感じてしまう。

でも、それがいいのだ。寂しさは、喜びや楽しさを一層深く感じ取るための絶妙なスパイスなのだから。

## 「死ぬ前の宿題」を見つける

不安、寂しさ、絶望、虚しさ……こういったマイナスの感情に対しては考え方を変えたり、捉え方の角度を少しズラしたりするなどして薄めることが可能なわけだが、前向きなことを考えてそれを行動に移すということも非常に効果的だ。私はそのひとつとして「死ぬ前の宿題――自由研究」を提案したい。

学生の頃は宿題なんて面倒なものでしかなかったが、ここでいう宿題は自分が自分に課すもので、あくまで自分のやりたいものだ。その宿題で死ぬ前に脳みそをもう一ひねりしてみてはどうだろう？

宿題というと漢字の書き取りや算数の計算ドリルを思い出すが、自由研究みたいなものがいいと思う。夏休みや冬休みに自分が興味のあるテーマについて調べたり、実験を行ったり、工作をしたりするのが小学生や中学生の自由研究だ。

では、老人の自由研究のテーマはどういうものがいいのだろうか？

年をとってから自費出版で自伝を出す人もいるが、自伝で自分のことを整理するのは過去を振り返る作業になっている。死ぬ前の宿題としての自由研究は、どうせなら前に進むもののほうがいいだろう。私が自分の過去に興味を持てないタイプだから、こう考えるのかもしれない。

自由という単語が付くぐらいだから、自由研究のテーマはなんでもいいと思う。死ぬ前の宿題というキーワードから、大げさなものや、高尚なものを連想するかもしれないが、くだらないものでもいい。仲間と自由研究をするなら、仲間の中でテーマは統一しないほうがいい。

たとえば、「老人による女の口説き方」だって自由研究のテーマになる。「若い頃はフラれたら立ち直るのに1ヶ月かかっていたけど、年をとるとその期間がこう変わった」などについて調べていく。テーマはくだらないけれど、主観で書くのではなくて、データをきちんと調べる形で調査は真面目にやる。

自分ひとりでやるのではなく、仲間と集まってそれぞれ自由研究をして、期限を決めて発表会をするのもいいと思う。「毎朝3キロ走るぞ」や「毎日英語の勉強をするぞ」などといった自分だけのノルマだと三日坊主になってしまいがちだが、家族や仲間でいいから、誰かに向けて締め切りを宣言すると自分を追い込む形になって効果的だ。

最初に述べたように、私は今、慶應の大学院に通って心理学の勉強をしている。大学院で勉強するようになって面白いなと感じたのは、人によって選ぶ研究テーマが千差万別ということだ。「この人はこんなことを研究しているんだ！」としばしば驚かされた。派手な格好をした女の子が「地方の老人ホームの実態」について研究していたこともあった。「田舎のさびれたシャッター街が、進出してきた大型スーパーからどれだけダメージを受けたか」なんてテーマを選んでいる学生もいて、人によって切り口が実にさまざまだ。

死ぬ前の宿題の自由研究も仲間内でやったら、「こいつ、こういうことに興味があったのか！」「意外とこんなことが好きだったんだな」という発見があって面白いだろう。

自由研究をやると、発表会などで発表する機会ができる。研究を進める中での作業も重要だが、発表にも大きな意義がある。多くの人の前での発表には緊張もするだろうが、それがいい。リタイア後の人生では緊張する機会をそう得られないんだから、得がたい機会になる。なおかつ、会社でのプレゼンなどと違って批判されることがない点もいい。

人は生きている間に、自分の爪痕を何か残しておきたいという気持ちを抱いたりするものだ。こうした研究は「人生の爪痕研究」として、その願望を多少なりとも充たしてくれるものになるかもしれない。

第5章

# 団塊の世代よ、「逃げ切ろう」なんて甘い！

## 団塊世代は新しい日本人像の第一期生

団塊の世代も高齢者となった。この本を手にとっている方にも、団塊の世代にあたる人は多いのではないか。

辞書を引くと、団塊の世代の定義は１９４７〜１９４９年、昭和でいうと22〜24年の第一次ベビーブームに生まれた世代となっている。堺屋太一さんの小説『団塊の世代』から生まれた言葉だ。

私も１９４９（昭和24）年生まれなので、団塊の世代だ。

ただ、私は堺屋さんと違って、団塊世代を１９４５（昭和20）年８月16日から１９５０（昭和25）年３月31日までに生まれた人だと定義したい。

３月31日で区切ったのは、日本の学校の年度が３月で終わるからというのが理由だ。１９４９（昭和24）年12月生まれが団塊の世代なら、同じような時代を過ごしてきた１９５０（昭和25）年１～３月生まれも団塊の世代に入れるべきだろう。

終戦の翌日となる１９４５（昭和20）年８月16日を起点としたのは、ここが日本にとって大きなターニングポイントであるからだ。要は、団塊の世代は戦争が終わってから生まれた、新しい日本人像の第一期生だと、私は考えているのだ。

戦争と団塊の世代の関係については、Ｐ１７８の「団塊世代は戦争を知っていた」でも触れたいと思う

## 混沌とした文化の中で生きてきた

団塊の世代を象徴的に表しているのが、男の長髪だ。長髪が、これまでの世代との違いを分かりやすく示している。自分たちは今までとは違う人間なのだと、見た目から主張していた。

そこにはビートルズの影響があった。ビートルズを見て、男も長髪にしていいんだと思った。

世間の雰囲気も変わった。それまではジーンズだと中に入れてくれなかったホテルも、ジーンズを認めるようになった。あの時代、ビートルズや長髪に代表される新しいカルチャーが生まれたのだ。

一方では、硬派な気風も存在した時代だった。

東京オリンピックで大活躍した女子バレーボールチーム〝東洋の魔女〟を育て上げた、鬼の大松博文監督などに代表されるスパルタ教育もあった。１９７０（昭和45）年のサッポロビールの三船敏郎さんを起用したＣＭの「男は黙ってサッポロビール」というキャッチコピーにも、あの時代の男性像を見出すことができる。

団塊の世代が過ごした世の中は、こんな感じで軟派なものも硬派なものも入り混じっていて、いろんな文化が混在し、街全体が混沌としていた。

私自身も多くのものを享受した。一節太郎さんの『浪曲子守唄』も聞いたし、ビートルズもローリング・ストーンズも聞いた。映画ではアメリカ映画も見たし、高倉健さんの任侠映画も見た。

そうしたゴチャゴチャとした混沌の中で、「男は男らしく」という考え方に引っ張られて団塊世代の男たちは生きてきたのではないか。

ただ、「そういう生き方は難しいんじゃないか、通用しないんじゃないか」と、30歳を過ぎたぐらいから多くの人が感じるようにもなった。それでも歯を食いしばって、奥さんや子供のためにマイホームを建てようと馬車馬のように働いてきたが、人生の最終コーナーを回る段階になったところで、ふと残りの人生をどう生きていけばいいのかと迷っている。そんな人が多いと私は感じている。

## ヒーローだと思っていたらヒールになっていた

団塊の世代は、その下の世代から批判の対象になることが多い。バイキングでたとえると、出された料理を食べ尽くすような世代だったからだ。我々は「腹が減っては戦ができぬ」と思ってガツガツと食べたが、そのことで下の世代は「俺たちにはもう汚れた皿しか残されてないじゃないか」という思いを抱いた。

自分たちは新しい日本を作っているヒーロー（英雄）だと思っていたら、いつの間にかヒール（悪役）として扱われるようになっていた。

勢いがよかった団塊の世代だが、気づいたら下の世代からは悪者扱いされて、最終コーナーを回ってゴールが近づいてきたのに、人生にも迷ってしまっている。

どういう形でゴールするのがいいんだろう？　最後まで堂々として走るのがいい

のか、泣きながらゴールするのがいいのか、走れなくなって歩いて必死にゴールするのがいいのか？　私にも分からないので、軽々しく「こういうふうに生きろ」とは言えないが、その様を下の世代の人たちがじっと見ているのだと思う。

新しい日本人像の第一期生がどう人生を締めくくるか、注目されているのだ。団塊の世代が真価を問われるのは、実はここからなのではないだろうか。

## 団塊の世代は、最後に新しい価値観を提示できるのか？

最近、高級食パンがトレンドになっているが、基本的にどれも甘い。私のオフィスの近くに「金麦」というパン屋がある。私はここの食パンが東京でベスト3に入るぐらい美味しいと思っているが、他の店のような甘さはない。金麦のオーナーシェフは一流ホテルで何年も修業した人なのだが、そのシェフによると今の食パンは作る際に入れる砂糖の量をかなり増やしているという。

テレビの食レポで、甘いパンを食べた際に「このパン、何もつけなくても充分！」とレポートしているのを聞くと、本当は甘い味がついているからジャムが必要ないだけなのに、視聴者は非常に美味しいものだと思い込む。ある種の言葉のマジックが働いている。

甘いパンは、ある意味、パン離れをしていたビギナーのためのものともいえる。私からしたら、甘くないパンのほうが美味しいと感じるので、甘いパンをわざわざ食そうとは思わない。

タレントの杉村太蔵さんと『サンデージャポン』の仕事で一緒になった際に、太蔵さんが私に「テリーさん、これ、日本で一番美味しいパンなんでぜひ食べてください」と高級食パンをわざわざくれたことがあった。ありがたく家に持って帰って食べたが、やはり今の流行りの甘いパンだった。

次の週、私のお気に入りの食パンを持っていって、お返しに太蔵さんに「太蔵さんからもらったパンも美味しいけれど、このパンも食べてください」と渡した。その後、太蔵さんにパンの感想を聞いたところ、やはり甘いパンのほうが好みとのことだった。

甘い食パンを好む人は多いのだろうが、昔ながらの素朴な味わいの食パンを好む層も一方でいる。

パンという身近なものひとつとっても、今の時代は価値観に大きな振れ幅があるわけだ。それだけ、現代は価値観が激しく揺れ動き続けている時代だといえる。戦後の新しい時代に生まれた団塊世代は、そんな目まぐるしい時代の変遷を目の当たりにし、その価値観の渦にもまれながら生き抜いてきた。

その体験から、独自のメッセージを発するだけの土台を充分に持っているはずなのだ。それなのに我々は、自分たちの世代の商品価値をいまだに提示できていない。たとえば、90年代にコギャルがブームとなった際には、当時の女子高生たちがルーズソックスなど自分たちの好きなものを流行らせた。だが、団塊の世代にはそれができていないのだ。

ゴールへの直線に入った団塊世代に一体、最後何ができるのか。何となく世間を騒がせてきただけだったね、で終わってしまうのか。それとも新しい生き方や死に方の価値観を提示できるのか。これからを注視していきたいと思っている。

## 団塊世代は戦争を知っていた

1970年に発売されたフォークソング『戦争を知らない子供たち』。作詞の北山修さんと作曲の杉田二郎さんはふたりとも1946年生まれで、歌詞のとおり「戦争が終わって」生まれた世代だ。

私は終戦の翌日から生まれた人たちを団塊の世代と定義したが、言葉の生みの親である堺屋太一さんの定義でも、団塊の世代はまさに戦争が終わって生まれて、戦争を知らずに育っている。

だが、私自身の実感としては、私たちの世代は子供の頃に戦争を身近に感じていた。町では傷痍軍人を見かけたし、町のいたるところに戦争の爪痕が残っていた。そして、まだまだ世の中は貧しかった。戦時中の延長線上にある世の中を我々は生きていたのだ。「ここから脱したい」という気持ちが、常に自分の中のどこかにあったのも覚えている。

私は「団塊の世代は悲惨な時代に生まれ育ったんだ！」と言いたいのではない。いろんな貴重な体験をした世代であり、その体験のひとつが戦争だったのだ。入ってきたばかりのアメリカのカルチャーも体験した。アメリカのテレビ映画を見て、アメリカの音楽を聞いて、それらにも影響を受けた。

こうした時代背景がなかったら、団塊の世代の性質はまったく違ったものになっていたと思う。

時代の移り変わりに合わせて、団塊の世代はさまざまなことを体験して、さまざまな〝引き出し〟を持つことができたのだ。戦争の匂いも知っていれば、そこからの復興も知っている。哀愁も知っているし、チャランポランも知っている。技術の進歩でいえば、インターネットのことだって知っているし、私もＹｏｕＴｕｂｅにチャンネルを作って動画の配信までやるようになった。

勝利の方程式はひとつではないので、引き出しがたくさんあるということ自体が強力な武器になる。自分の持っているカードのどれをどこで切るかで勝負が決まってくるが、引き出しがたくさんあれば、その選択肢も増える。

ただし、引き出しが多くても開けなければ意味がない。適切なときに適切な引き出しを開けることに、意味があるのだ。価値観は大きく移り変わりつつある時代なので、今、どの引き出しを開けるべきか充分に見極めないといけない。

## どのカードを切るか？

変化した価値観の分かりやすい例として、スポーツがあると思う。

私の青春時代には野球が一番人気があったが、Ｊリーグができてサッカー人気が高まった。そうこうしてると、今度はラグビーが盛り上がった。２０１５年のワールドカップでの、南アフリカ相手の大番狂わせあたりから人気の芽が少しずつ出始め、２０１９年に日本で開催されたワールドカップでの快進撃で、一気に国民的人気を獲得した。

我々が、昔の学園ドラマで見ていたような細い体のラグビー選手はひとりもいない。ゴツい体で、首が太くて、耳は柔道選手みたいにつぶれている。

昔、Ｊリーガーが出てきたとき、サッカーもやっていないのにＪリーガーみたいな格好をして女にモテようとしていた〝なんちゃってＪリーガー〟がいた。サーファーが流行ったときには、サーフィンをやったこともないのに、車の屋根にサーフボードを載せて渋谷あたりでナンパしている〝陸（おか）サーファー〟もいた。

なんちゃってＪリーガーや陸サーファーは誰でもできるが、なんちゃってラガーマンは無理だ。あんな分厚い体型をしている男は、なかなかいない。

だから、簡単に真似ができない価値観は強いんだなと思う。

Ｊリーガーが人気が出た理由のひとつに、男前な選手がいたという理由もあったと思う。カズ（三浦知良）にせよ、武田修宏にせよ、川口能活にせよ、顔も格好よかった。

それに比べると、ラガーマンは分かりやすいイケメンはそんなにいない。だけど、彼らは独特の男前の雰囲気があって格好いい。つまり、男前や格好いいことに対する価値観がどーんと広がっているのだ。これもいいことだと思う。

こういうことが読み取れると、前述のカードを切る判断もうまくできるようになるだろう。

## フォークソングを歌いながら自らの首を絞めていた団塊世代

本書も終盤にさしかかり、ちょっとコーヒーブレイクを。ここでは団塊世代の青春期に影響を与えた音楽を考えてみたい。そして、改めて団塊世代とは何かをおさらいしたい。

団塊世代にとっての青春時代は、昭和40年代後半ではないだろうか。その頃流行っていた流行歌が、当時の若者にどのような影響を与えたのかを具体的な楽曲を通して考察してみたい。

その頃、ビートルズ、歌謡曲、そしてフォークソングなど、多種の音楽が私の心に入ってきた。特にフォークソングは同世代が作詞作曲していたということもあり、大きな影響を与えてくれた。たとえばジローズの『戦争を知らない子供たち』（1970年、作詞北山修、作曲杉田二郎）を聴いたとき、当時ベトナム戦争の影響もあって、戦後生まれの自分たちが日本を変えるんだ、戦争なんかしてはいけないんだ、という熱い志を多くの若者が持っていた気がする。昼となく夜となく仲間が集まって、日本の未来を考えて議論を戦わせたり、酒場や4畳半のアパートの一室で飲み明かしたりしていた時代だった。

同時に、若者が将来への大きな不安を抱えていた時代でもあった。では、彼らはどのような悩みを抱えていたのか。

社会に対する問題意識とは対極にあるような、当時「若大将シリーズ」で大人気だった加山雄三さんの大ヒット曲『君といつまでも』（1965年、作詞岩谷時子、作曲弾厚作）を、日本中の若者が圧倒的な支持で受け入れた。ギターを弾ける者は彼女に向けて歌ったり、キャンプファイヤーで楽しんだりしたものだ。改めてこの詩を見てみたい。

「君といつまでも」

ふたりを夕やみが　つつむ　この窓辺に
あしたも　すばらしい　しあわせがくるだろう
君のひとみは　星とかがやき
恋する　この胸は　炎と燃えている
大空そめてゆく　夕陽いろあせても
ふたりの心は　変らない　いつまでも
「幸せだなァ　僕は君といる時が一番幸せなんだ
僕は死ぬまで君を離さないぞ、いいだろ」
君はそよかぜに　髪を梳かせて
やさしく　この僕の　しとねにしておくれ

**今宵も日がくれて　時は去りゆくとも**
**ふたりの想いは　変らない　いつまでも**

JASRAC出2005749-001

なんと素敵な詩なのだろう。ヒットした当初、加山さんから湘南のすばらしさや学園生活の楽しさを教わった気がして、私も仲間も素直に歌っていた。しかし、ある時から「この詩のとおりに生きることが、俺たち本当にできるのだろうか？」というプレッシャーがのしかかってきた。

「僕は死ぬまで君を離さないぞ」。すごすぎる言葉だ。離さないということは、彼女を守り幸せにするということが絶対条件になる。ところが、自分たちはまだ就職も決まっていない。住むところも決まっていない。まして私などは築地の実家の玉子焼き屋「丸武」の４畳半で兄貴と一緒の部屋だった。

これってどうなの？　競争が激しい団塊世代は就職も大変だった。そりゃあ、加山雄三さんは大ヒットして印税もたくさん入っているだろうけれど、ほとんどの若者は自分の幸せもおぼつかなくて将来も読めなかった。そんな不安をさらに加速させたのは、全国的に大ヒットした吉田拓郎さんの『結婚しようよ』(1972年、作詞作曲吉田拓郎)だ。

『結婚しようよ』

僕の髪が　肩までのびて
君と同じになったら
約束どおり　町の教会で　結婚しようよ

古いギターを　ボロンと鳴らそう
白いチャペルが見えたら
仲間を呼んで　花をもらおう　結婚しようよ

もうすぐ春が　ペンキを肩に

お花畑の中を　散歩にくるよ
そしたら君は　窓をあけて
エクボを見せる　僕のために
僕は君を　さらいにくるよ　結婚しようよ

雨が上がって　雲のきれ間に
お陽様《ひさま》さんが　見えたら
ひざっこぞうを　たたいてみるよ　結婚しようよ

二人で買った　緑のシャツを
僕のおうちのベランダに　並べて干そう
結婚しようよ　僕の髪は

## もうすぐ肩まで　とどくよ

これまた大変なプレッシャーだった。たしかに、拓郎さんから髪の毛を伸ばすと女の子にモテると教わったのだが、反面、髪が肩まで伸びるのっておそらく半年後だろう。

しかも就職も決まっていない。実家から出てもいない。さらに白いチャペルが見えたら仲間を呼んで結婚しようと言われても、仲間だってあの当時悩みに悩んでいた時期だ。だからこそ、楽しげに歌いながらも『結婚しようよ』は多くの男性たちの首を絞めていたのである。愛する人を幸せにするには、「安定した収入がないと」「一流企業に就職しないと」といった悩みの連続だったのだ。そう、団塊世代は悩み多き世代なのである。

今なら女性が働くのは当然で、夫が妻を理由もなく家庭内に留めるようなことをしたら反感を買ってしまうだろう。だが当時、多くの女性は結婚までの4、5年会社勤めをして、それまでに頼りがいのある男性を見つけよう、という感じだった。でも、そんな男性なんてほんの一握り。なんたって団塊世代は人口が多いので、一流企業なんかになかなか入れなかったのだ。

改めて考えてみると、団塊世代が20歳前後のときは、心の中で強気と弱気が常に交差していた気がする。それから長い時が過ぎて、高齢者になった団塊世代は再びいろいろと悩みだした。しかし、悩み飽きるってことはないのだろうか。人間悩んで成長するのも大切だが、そろそろ悩むことに飽きてもいいのではないか。だって悩んでいる時間がもったいないから。

私も悩みに陥りそうなときがある。でも、あ、悩みだしたなと思ったら身体を動かすことにしている。とりあえずお金のかからない散歩に出かけるのだ。最近購入した万歩計で、大体1万歩を目安に歩くといい感じになってくる。すると歩き終わってシャワーを浴びた後、たいていの悩みごとは収まっている。悩んだらまず身体を動かす。分かりやすいですよね。ぜひやってみてください。

## 私の青春
## ——斜視の原因となったケガで絶望した

これは今まで別の機会にも語ったことのある話だが、私の斜視の原因は学生運動のときのアクシデントにある。

日大時代の私は学生運動に参加して、デモと集会に明け暮れていた。そんな日々の中、デモに参加していたときに、デモの人混みの後ろのほうから機動隊に向かって投げられた石が私の左目を直撃したのだ。

私は左目の視力を失い、斜視になった。これが大学1年生の時点で起きたことだ。女の子にモテて、映画の『若大将』シリーズで描かれているような楽しい学生生活を送ろうと私は考えていた。そのために大学に入ったのだ。それなのに、斜視になってしまった。

とてつもない絶望を感じた。これから、自分はどういう人生を送るのだろうと思った。入院中、夜中にトイレに起きたとき、鏡を見て自分に何度も話しかけた。「どうすんだ、俺?」と。

退院が決まっても、まったく喜びは感じられなかった。普通なら退院するときには喜びを感じるものなのに、「退院しても、眼帯を取ったら、俺は斜視なんだぞ。みんな、同情しながら俺を見てくるぞ。俺の人生、真っ暗じゃないか」と思い、深く落ち込んだ。

日常生活に戻っても楽しい学生生活を送れるとは思えなかったので、退院したくはなかった。それでも、退院の日はやってくる。

日常に戻った私は落ち込んだ日々を送っていたが、あるとき、このままだと世をすねた人間になってしまうと気づいた。それは格好悪いなと感じた。

誰に頼まれたわけでもないのに、自分が勝手に学生運動を始めた。学生運動をやっている中で、たまたま不幸な事故で石が目に当たってしまった。その結果として世の中を恨む男になるのは、よくある安っぽい青春ドラマだなと思った。そんなつまらないドラマの主人公になるのは嫌だった。
だったら、明るく生きてやろうと決意した。

## 演出家を目指すことになった象徴的な出来事

明るく生きるには何をすればいいかを考えた結果、大学でコンサートを開こうと思った。そこで、コンサートを主催したのだ。

コンサートに出演したのは、学生たちだった。その中に、のちに私が付き合うことになる女子大生もいた。日本で活躍して日本語で歌っていたアメリカ人女性フォークデュオのベッツイ&クリスの『白い色は恋人の色』を、彼女は歌った。ギターをチューニングして弾く姿も格好よくて、こんなに眩しい子たちがいるんだと感動していた。

私は司会も担当したのだが、コンサートが終わって幕が閉まっていくときに、涙を流していた。

それまでの人生の中で、痛みで泣いたことはあった。悲しさで泣いたこともあったかもしれない。だが、嬉しさで泣いたことはなかった。嬉しさで泣いたのは、私の人生の中で後にも先にもあのコンサートのときだけだ。

大学を卒業するときに、これからどうすればいいんだろうと考えて、自分の思い出を箇条書きで書き出した。そのときに、このコンサートが自分にとって大きいものだったことに気づいた。「そうか、自分で努力して、その成果で嬉しくて泣いたのは、自分でやったコンサートだけだったんだ」と分かった。

「だったら、演出家を目指そう」と考えたのだ。


その後、私はテレビの世界に入って、さまざまな番組を演出することになるが、どれだけの仕事をやり遂げても嬉しさで泣くことはなかった。プロになってしまうと、そこは勝負の世界なので、ナイーブな感情が入り込む余地はない。仕事をやり遂げて「やった！　こんなにすばらしい仕事ができた！」と思っても、視聴率という結果が伴わなかったらダメなのだ。

そういう意味でも、嬉しさでピュアな涙を流すという経験は、あのときにしかできないものだった。二度と経験することができない私の青春時代の象徴が、あのコンサートなのだ。

## 団塊世代人を考える——
# 強烈な個性が秘めるもの

先述したように、私は同じ１９４９年生まれのリチャード・ギアをライバル視して、彼の服の着こなしなどを参考にしている。

このように、自分はどう生きていくべきかを考えるとき、同世代を参考にするというのは何らかのヒントになるかもしれない。

ここでは、注目すべき生き方をしている団塊の世代の有名人を取り上げていく。

とはいえ、団塊の世代の有名人にはいろんなタイプの人がいる。彼らを見ると「団塊の世代にはこういう特徴がある」とひとくくりの世代論には簡単にできないことが分かる。

逆に言えば、それだけの強烈な個性を持っているのだ。生き方の正解がひとつではないことが、彼らを見るだけで分かる。

とはいうものの、一方で彼らの生き方には通底する何か言いがたい匂いを感じてしまう。それって一体何なんだろうか？

## マジョリティの生き方から脱却したければ 蛭子能収 に学べ

一口に団塊の世代といっても、そもそも同じ時代に生まれていても、東京出身か地方出身かで大きな違いがある。

蛭子能収さんは1947年生まれだが、長崎県育ちで「東京がうらやましかった」と私に話してくれたことがある。その点でも東京出身の私とは違う。

もっと言えば、蛭子さんは感覚が現代っ子なのだ。サラリーマンだったら、仕事終わりに仲間とつるんで飲み屋に行くようなタイプではない。ひとりで麻雀屋に行って博打をしているほうを好むタイプだ。今の子は麻雀屋ではなく、音楽のライブに行ったり、家族のもとに帰ったりするのかもしれないが、仲間との飲み会を好まないという点は似ている。

蛭子さんは本音の人で、建前の人ではない。昔のサラリーマンも全員が仲間と飲むことを好んでいたわけではないが、付き合いを大事にした。自分の本音より建前を大事にしていたのだ。

蛭子さんの格言の本がウケたりするのは、蛭子さんの考え方が建前を大事にする世の中に対するアンチテーゼになっているからだろう。

世の中のマジョリティの生き方から脱却したいと思うなら、蛭子さんの生き方は大いに参考になるだろう。

# 軟体動物のような高田純次

とんでもなく面白い男がいるという噂を聞いて、当時、高田純次さんが所属していた劇団「東京乾電池」の舞台を観にいった。噂通り、いや噂以上に面白かった。「世の中にこんなに面白い人間がいるのか」と衝撃を受けた私は、すぐに高田さんに『天才・たけしの元気が出るテレビ!!』のレポーターとしての仕事を依頼した。

それからの付き合いとなって、高田さんとは長く一緒に仕事をしたが、そんな私でも「高田純次とは◯◯な男である」とは断言できない。◯◯と断言しても、次の日には別のものに変わっている。軟体動物みたいで、つかみどころがない。

真似できないなと思っているのは、メッセージ性がないところだ。よくいる自然体の人物とも違う。「私は自然体です」とアピールする無印良品のような自然体とは全然違うのだ。無印良品の品物を好む趣味は、ひとつのスタイルになっているが、高田さんにはそういうスタイルがない。

高田さんは本も出しているが、それも書名が『適当教典』『テキトー格言』などで、適当さを前面に押し出している。人生を真面目に語る本ではない。高田さんは人生の達人だと思うが、その達人ぶりを見せないのだ。


つかみどころのない高田さんだが、その姿を見ていると芸能界の第一線で活躍を続けている人の特徴を見出すこともできる。それは、「時代を追いかけていない」という性質だ。芸能界のトップを取ってやるという野心に燃えて、時代のニーズを読んで勝負に出る人もいるが、高田さんは明らかにそんなタイプではない。最初から時代を追いかけることなど考えていないのだ。

そんな高田さんから教訓を引き出すのは難しいが、高田さんを見ていると、人生は適当なものなのだから、ピンチのときも笑ってごまかすぐらいでいいのだろうなという気はする。ただし、高田純次を真似することは不可能だ。もちろん私にだって無理な話だ。

## 舘ひろしの丁度いい不良性

不良っぽいイメージでデビューした芸能人はたくさんいる。舘ひろしさんもそうだったが、舘さんの場合はほどほどの不良性がよかったのだと思う。

舘さんはお父さんが医師で、育ちがよかった。不良性と育ちのよさがうまくブレンドされていたんだと思う。同じ不良でも、矢沢永吉さんが中古のカワサキのバイクなら、舘さんは高価なハーレーというイメージだ。私は舘さんが結成したクールスも好きだったが、クールスの音楽からカワサキの匂いは感じられなかった。

舘さんと矢沢さんの対比では、誰かの下にいたことがあるかどうかという違いもある。チームの頂点にいた矢沢さんに対して、舘さんは石原プロモーションでは石原裕次郎さんや渡哲也さんの下にいて、舎弟として渡さんのことを慕っていた。

老人ホームに入ったとき、周囲とうまくやれそうなのは舘さんだと思う。矢沢さんは自分の部屋から出てこないんじゃないか。これは舘さんと矢沢さんのどちらが正しいということではないのだが、同じ不良でもこうした違いが生まれるところに教訓があると思う。

ちなみに、舘さんと矢沢さん、そして私は同学年にあたる。40歳の頃の私が、若い女の子たちに「俺とリチャード・ギアは同い年なんだ。矢沢永吉も舘ひろしもそうなんだよ」と言うと、彼女たちから「すご〜い！」という歓声が返ってきた。

舘さんと同世代というだけで、すごい世代と思われて、自分の価値も引き上げてもらえたのだ。

## 敵を作ることを恐れない　泉ピン子

泉ピン子ちゃんはある意味、矢沢永吉さんよりすごいところがあると思う。

矢沢さんがキャロルの解散後にソロのシンガーになったように、歌手は自分を看板にして全国を回ることができる。これは役者にはできないことだ。いわゆる看板役者だって、共演者と絡まないと仕事してはいけない。一人芝居もあるが、これは例外で、どんな役者だって他の役者と一緒に仕事をすることになる。

私が市川準監督の映画『あおげば尊し』に出演した際、不思議なことに私は主役をやらせてもらった。薬師丸ひろ子さんや加藤武さん、麻生美代子さん、染谷将太くんといった優れた方々が出演していたが、そのとき共演者はみんな、主役を輝かせてくれる味方だと感じた。

裏を返せば、役者が現場で敵を作ると大変なことになるとも実感した。

そういう中で、ピン子ちゃんのように敵を作ることにもなりかねない、ためらいのない発言ができるのはすごいことだと思う。こういう人物って男性の中にもいないんじゃないか。ピン子ちゃんが敵を作ることを恐れていないのは、自分に相当自信があるからだろう。自分の役者としての力を強く信じているのだ。

# 高田文夫の賢いセレクトショップ手法

私はずいぶん長くニッポン放送のラジオ番組に関わっているが、団塊の世代で同じくニッポン放送に出ているのが高田文夫さんだ。

高田さんのラジオのやり方でうまいなと思うのが、いろんな芸人さんを呼んできて番組をやる手法だ。あのやり方は、たとえるならセレクトショップの商売だ。自分のところのブランドで勝負する店とは違って、セレクトショップはいろんなブランドの商品を集めて物を売る。高田さんもそれをやっている。

思えば、私自身もそうなのだが、他人の力をうまく使えない団塊の世代の人間が多かった。なんとなく、他人の力を利用する方法はズルいと思ってしまうのだ。

だが、自分のブランドを押し出すことにこだわらなければ、コーディネーターのように人を集めて物事を行う、セレクトショップ的なやり方は賢いといえる。

最近、築地本願寺の境内のカフェが人気を呼んでいる。カフェの出す料理の評判がいいのだ。どういう料理かというと、「魚はこの店から」「佃煮はあの店から」と築地の場外の店の美味しい惣菜を集めて、ひとつのメニューにしているのだ。

全部、自分のところの料理人が作った品で勝負したいと考える人も多いと思うが、そこにこだわらないのもひとつの道だ。

ちなみに、先ほどのカフェのメニューには、残念ながら私の実家の丸武の玉子焼きは入っていない。うちの兄貴は売り込みが苦手なのだ。これは伊藤家の男たちの共通点なのかもしれない。

## 小倉智昭の余生に注目したい

長らくテレビの第一線で活躍している小倉智昭さんだが、メインキャスターを務めるフジの『とくダネ！』を、２０２０年に降板するのではないかと週刊誌で報じられた。

そのことの真偽についてはさておき、『とくダネ！』が終わった場合、忙しい毎日から解放された小倉さんがどういうふうに余生を楽しむのかということに、非常に興味が湧く。

小倉さんは華やかで優秀な方だから、そのライフスタイルを参考にするのは難しいが、余生の選び方には注目したい。かつては大橋巨泉さんの事務所に所属していて、巨泉さんのことも間近で見ていたのだから、理想的なシニアの退職について一家言があるはずだ。

今、私は『ヘイルメリーマガジン』という雑誌で連載を持っているのだが、小倉さんもこの雑誌で連載している。小倉さんのページを読むと、本当に音楽が好きな趣味人なんだなということが分かる。

趣味人としての老後を送ることになる小倉さんだが、こうした人たちが社会に対してどう恩返ししていくのかが気になるのだ。これまで豊かな生活を送ることができたことに対する恩返しを、どのようにするのだろうか。

芸能界で成功した人の多くは、「自分の人生は豊かで幸せだった」と感じていることだろう。そうした幸せを感じながら、海外旅行に行ったり、趣味を満喫したりして余生を楽しく過ごすのかもしれない。

だが、私としては、そこで彼らが社会に対して恩返しをする姿を見てみたいと期待している。

巨泉さんがまだまだ元気があるうちに引退して、海外で悠々自適に暮らす生活に当時の人々は憧れたものだが、果たして今だと共感を集められるだろうか？　小倉さんの選ぶ道から学ぶものがあるのかどうか、しっかりと見てみたい。

## 江夏豊の老後はどうなのか?

現役時代に目覚ましい活躍を見せて輝いていた人が、高齢になって寂しい状況に見えるということがある。

江夏豊さんの人生に関して、そう感じている人も多いのではないか。

江夏さんの場合、プロ野球選手としての輝かしい実績はあるが、引退後に薬物で逮捕されたことで、厳しい目で見られているという面もあるだろう。

だが、江夏さんに限ったことではないが、「あの人はみじめな老後を過ごしている」とまわりが思ったとしても、それがみじめな老後なのかどうかを決めるのは本人なのである。

たとえば、露店で売られている今川焼きを、ひとつだけ買っている老人がいたとする。老人自身が「この店員は、俺のことを孤独でみじめなジイさんだと感じているんだろうな」と思うのと、「よーし、今川焼きを食って元気出すか！」と思うのとでは、大きな違いがある。

他人にどう思われているかを気にする思考回路は破壊したほうがいい。「昔は一流企業に勤めていたのに、今は年金暮らしだし、近所の連中は俺がシケたヤツに見えているんだろうな」などと考えていると、本当にシケたヤツになってしまうのだ。

## 星野仙一は格好いい男のサンプル

星野仙一さんは、団塊の世代のひとつの典型的な人物だったんじゃないかと思う。星野さんをタイムカプセルに入れておいたら、未来の人にも団塊の世代がどういうものだったのか伝わるはずだ。

昔ながらのカミナリ親父のような気質があり、闘志と愛情があれば選手はついてくるという揺るぎない信念を持った熱血監督だった。鉄拳制裁も辞さない根性野球の人だったが、選手からも支持された。選手だけでなく、世間からも評価を集め、「理想の上司」を聞くアンケートでは上位にランクインしていたものだ。選手を熱く叱咤激励する姿が、若い人から見ても時代遅れのものではなく、頼もしく感じられたのだろう。

星野さんのすごさのひとつとして、人脈作りのうまさもあったと思う。面倒見もよくて、まわりの人に話を聞くと悪口を言う人がいない。こうした人間関係のよさも、星野さんが闘将と呼ばれる地位につけた要因のひとつだったのだろう。

１９９５年に、星野さんが中日の監督に復帰したときのことが印象に残っている。マスコミに発表する前に私のラジオにゲストで来てくれた星野さんに対して、私はドラゴンズのユニフォームを用意していた。「近々ドラゴンズに行くって報道も出てますけど」「いやいや」「ユニフォームの写真を撮らせてもらえませんか」と、そんなやりとりをしてから星野さんとユニフォームの写真を撮らせてもらった。

正式発表前に星野さんがユニフォームを着るわけにはいかないから、ユニフォームを体に当てているだけなのだが、スタジオに来ていた星野さんの番記者たちもその写真を撮って、それが翌日の新聞のトップを飾った。

「大事な時期なのに、どうしてここまでやってくれるんですか？」と星野さんに聞くと、「番組出演はテリーさんとの約束だったから」と言ってくれた。こういう義理堅さがある人だったのだ。


義理堅さを感じたエピソードとして、こういうものもある。

星野さんは明治大学の野球部で活躍したが、明治の野球部には山野エミールという選手もいた。山野さんは私の早稲田実業の先輩で、早実でも野球部に所属していた人物だ。

山野さんはビジネスの世界で成功していて、銀座でイタリアンレストランもやっている。山野さんの店で食事をした際に星野さんのことを聞いたところ、「俺は故障して2年で野球部を辞めてしまった。でも、彼はそんなことは関係なく、銀座のこの店にもよく来てくれた。彼のことを悪く言うヤツはひとりもいない」と語ってくれた。

この話を聞いて、星野さんはやっぱり格好いいなと思った。不器用なところもあったが、そこに格好よさと優しさも同居していたのだ。星野さんは格好いい男の、ひとつのサンプルだと思う。

## 鈴木宗男はドン・キホーテだ

数多くいる団塊の世代の人物の中でも、ものすごいバイタリティを感じるのが鈴木宗男さんだ。

2019年の参議院選挙で当選して約9年ぶりにバッジをつけた鈴木さんは、2002年にあっせん収賄容疑で逮捕され、2010年に有罪が確定して刑務所に収監されている。

刑務所に入る1週間ほど前に、私は鈴木さんと会って一緒に食事した。そのとき、鈴木さんは「がんばってきますよ！」と、弱気なところをまったく見せなかった。出所してきたときも、すぐに鈴木さんと会って食事をしたのだが、鈴木さんの体型は収監前とまったく変わっていなかった。理由を聞くと、刑務所の中でずっと体を鍛えていたという。本当にタフな人なのだ。

逮捕されて有罪になったことで、鈴木さんは公民権が停止されて、5年間は立候補できなかった。しかし、それでも鈴木さんは「大変な時期が続くけれど、まったく平気です」と弱音を吐かなかった。「なんだ、この鉄のような心臓は！」と驚かされた。

鈴木さんの強さの理由は、北方領土返還という生きがいとやりがいを持っているところにあると思う。自分にとってのミッション、つまり使命を見つける能力があるのだ。これは大いに学ぶべき点だと思う。

ミッションは荒唐無稽なぐらいでいい。鈴木さんはドン・キホーテなのかもしれない。セルバンテスの小説『ドン・キホーテ』の主人公ドン・キホーテは、風車を巨人と思い込んで突撃していったけれど、鈴木さんにはそんな野放図なパワーを感じてしまう。

## 鳩山兄弟が受け入れられない世の中は嫌だ

鳩山由紀夫さんは、ネットなどで叩かれやすい存在になっている。だが、鳩山由紀夫さんがお父さんだったらよくないか？　鳩山由紀夫・邦夫兄弟はおぼっちゃまだったが、ああしたおぼっちゃまを許容できない日本は嫌だ。

由紀夫さんは政治家として甘かったところはあるが、個人的には言っていることが面白くて好きだった。もし、由紀夫さんが安倍内閣の参謀だったら、安倍さんの顔色を見ずに意見していたんじゃないか。

破天荒な政治家が出てこず、つまらないと言われることもあるが、出てきてもマスコミで叩かれてしまう。鳩山兄弟も叩かれすぎなのではないかと感じる。

私は亡くなった弟の鳩山邦夫さんとは仲良くさせてもらっていて、何度か家に遊びに行ったこともある。1999年に邦夫さんが都知事選に出馬した際のキャッチコピーは「東京に蝶々を」だった。蝶の採集家としても有名だった邦夫さんは、「テリーさん、俺は東京を蝶々がやってくる街にしたいんですよ」と語っていた。笑う人もいたが、私は東京に蝶々がいたら本当にいいなと思ったし、邦夫さんの発想がすばらしいと思った。

今、蝶々だけじゃなくて、都心ではスズメを見かけることも少なくなった。東京のメダカに至っては絶滅したとも考えられている。こうなると、「東京に蝶々を」と訴えた邦夫さんは何も間違っていなかったと思う。それに、蝶々を呼びたいという考えには愛があった。でも、言葉が足らなかったから笑われてしまった。

今は橋下徹さんやホリエモンのような弁が立つ人が勝者になる時代かもしれない。

私自身はテレビに出る人間だが、そんな私でも「テリーさん、1分間でコメントをお願いします」と言われると困ってしまう。キャッチーなことをその場で考えて話すのは難しい。

だが、しゃべりがうまくないからと言って、その人に考えがないわけではない。だから、しゃべりがうまくない人と接したときには、発言や行動を深読みしたいと私は考えている。これは鳩山兄弟を見ていて学んだことだ。自分が成長すると、鳩山兄弟の発言から、また違った価値観を読み取れるようになる。急いで「あの人はダメだ」といった結論は出さないほうがいい。

## 若い頃からブレない 武田鉄矢

団塊の世代にはミュージシャンもたくさんいるが、その中でも、ある種の典型だったのが武田鉄矢さんだと思う。武田さんは完成品に近いんじゃないか。

歌によって自分たちが何を感じているかを発信してきて、海援隊時代にはこれで日本の音楽を変えてやろうという強い意識があった。当時からメッセージ性が強かったのだ。メッセージ性を持つミュージシャンはたくさんいるが、武田さんがすごいのは、今もちゃんとメッセージ性を持っているところだ。

武田さんだって、これまでの人生の中においてどこかで挫折もしたとは思うが、武田鉄矢という匂いはずっと変えないままやってきている。誰しも背に腹は変えられないから、どこかで自分を変えるものだ。

同世代だと若い頃から見ているものだから、「ああ、今はこっちにシフトしたんだな」と変化を感じ取れる。だが、武田さんにはそれがない。そこがすごいところだ。そういう意味でも、完成品というイメージを武田さんに持ってしまう。

武田さんの生き方は、まさしくブレない生き方はこうするんだという格好の見本だといえる。

# 泉谷しげるの乙女力

武田鉄矢さんとは逆に、ミュージシャンで世間のイメージが変わった人としては、泉谷しげるさんがいる。過激なキャラクターで知られていたから、「泉谷しげるはすっかり大人しくなって、つまらなくなった」みたいなことを言う人もいる。

だが、言っておくが泉谷しげるは本物である。

たしかに暴れん坊としての印象が強い泉谷さんだが、今でも「ふざけんな、てめえ！」とやっていたら、そちらのほうが嘘があると思う。

先ほども触れたが、大学院の論文のために、泉谷さんに話を聞いた。

世間のイメージでいえば、泉谷さんには一番縁遠いものに感じられる乙女力について聞いたのだ。泉谷さんにも乙女力はあるのだろうか？

泉谷さんの答えはこういうものだった。

「俺にも乙女力があると思う。最近、料理を作り出した。以前は料理なんてクソ食らえだと思っていたが、料理が面白い」

暴れん坊の頃の泉谷さんだったら、料理なんてクソ食らえという姿勢のままだっただろう。だが、こういうふうに料理を作りたくなって、それを楽しんでいるという泉谷さんのほうが格好いい。

泉谷さん自身が「自分は型にはまらない」と語っていたが、そういう自然体なところは大いに学ぶべきだ。

## 井上陽水は何本傘を持っている？

私の大学生時代、知り合いの女の子が「井上陽水が好き」と言っていた。私は井上陽水さんのことを知らなかったから、彼女にどういうミュージシャンなのか質問して、彼女が好きだと語った『傘がない』を聞いた。

都会では自殺者が増えているというニュースがあるが、それよりも今日の自分には傘がないことが問題だと歌っていた。

「ベトナム戦争反対！」と、反戦歌を歌っていた私はショックを受けた。自分たちは女の子にモテたくて、戦争反対と言っていただけで、上っ面だけの反戦だったから、そこを鋭く突かれたように感じたのだ。

今、私はテレビで仕事として社会問題について語っているが、『傘がない』で受けたショックの記憶は今も自分の中に残っている。


ただ、最近は陽水さんに対する意識が変わった面もある。『傘がない』はグランド・ファンク・レイルロードの『ハートブレイカー』のコード進行をそのまま使っているのだ。そのことで、一部の音楽ファンからはパクリとも言われている。

私はそれを知って、むしろ井上陽水はすごいと思った。繊細なことを歌うミュージシャンだと思っていたが、実は家には傘が何本もあるにも関わらず「傘がない」

と歌うような図太さがあるのだ。

## 常にベストを尽くす 沢田研二の生き方

沢田研二さんの生き方には、すごくいいなと感じるものがある。

沢田さんはずっと現役として音楽活動を続けている。沢田さんのライブを見に行った友人に感想を聞いたら、「知っている曲を3曲しかやらなかった」という答えが返ってきた。現役で新しい曲を作り続けているから、過去の曲は少ししかやらなかったわけだ。

そんな沢田さんが世間で久しぶりに注目を集めたのは、2018年に開演直前にライブをキャンセルした一件のときだったと思う。

このときの沢田さんの風貌が太っていて、ケンタッキーフライドチキンのカーネル・サンダースにそっくりだったことも話題になった。だが、たとえばマライヤ・

キャリーが太ったって何も言われないのに、どうして沢田さんだととやかく言われるのか。

沢田さんは、容姿よりも声をとったんじゃないだろうか。


今から10年ぐらい前、ザ・ワイルドワンズの加瀬邦彦さんが沢田さんを「一緒にバンドを組んで全国を回ろう。オリコンで1位をとる新曲を出すから」と口説いて、ジュリー with ザ・ワイルドワンズとして活動したことがあった。

私は、ザ・ワイルドワンズのギターの鳥塚しげきさんと親友なので、当時のいきさつを詳しく聞いている。加瀬さんは沢田さんのプロデュースも手がけたことがあって、作曲家として『TOKIO』などの楽曲を提供しているので、沢田さんとしても加瀬さんに恩義があった。

そのときに出したCDは、残念ながら世間ではそれほど話題にならなかったが、私はよく聞いた。ヘッドフォンで聞いていて、沢田さんの歌唱力に圧倒された。コーラスを担当していたワイルドワンズのメンバーには申し訳ないが、私は大リーグとリトルリーグぐらいの差を感じてしまった。それぐらい、沢田さんの歌に力があったのだ。

これだけの歌声があるなら、容姿なんか関係ないなとしみじみ思ったものだ。

客が入らないことで開演直前にライブをキャンセルしたエピソードは、非常にワイドショーが好む話題だとは思うが、そんな無茶だって沢田研二さんだからこそできたことだ。

こうやって進み続ける沢田さんの姿を見ていると、常にベストを尽くしてきた人生なんだろうなと思わされる。

私は仕事が減ったときなどに不安を感じてしまうタイプだが、沢田さんのように生きられれば、そうした不安とも無縁でいられるのではないだろうか。

# 西田敏行の原点が見たい

西田敏行さんに対して、世間の人はどういうイメージを持っているのだろうか？キャリアの長い方だからさまざまな側面を持っているが、音楽が重要な位置にある人なのだと思う。エンターテイナーでダンスもできるし、歌もうまい。下積み時代には、同じく駆け出しだった松崎しげるさんとクラブで一緒に歌っていたが、それが評判を呼んで、テレビにも出るようになった。

歌といえば、西田さんには『もしもピアノが弾けたなら』というヒット曲があるけれど、本当の西田さんはもっと高田純次さん寄りの人なのだと思う。『釣りバカ日誌』シリーズもあったが、個人的には植木等さんの『ニッポン無責任時代』や加山雄三さんの若大将シリーズを撮った古澤憲吾監督と仕事をしてほしかった。

私は西田さんを優れた喜劇人だと思っている。日本の喜劇人は年をとると重厚な役を選ぶようになり、狂人役をやらなくなる傾向がある。物分かりのいい名バイプレイヤーになるのだ。団塊の世代が年をとって、そんなところに収まってしまうのは残念なことだ。

西田さんは『屋根の上のバイオリン弾き』にも出演しているが、もっとミュージカルで活躍してほしい。カメラの前じゃなくて、ステージの上で歌うことで、西田さんの原点の魅力がさらに見えてくるのではないだろうか。

## 私の一番の恩人、稲川淳二

演出家としてテレビの世界でたくさんの人と仕事をしたが、一番の恩人といえるのは稲川淳二さんだと思う。稲川さんにはどれだけお世話になったことか。

駆け出しの頃に、私はテレビ東京の2時間特番を演出することになった。いろんなレポーターが私の無理難題に挑戦して、スタジオに戻って報告するという番組だったが、大変な役をいつも稲川さんにお願いしていた。

私はディレクターをやりながら、台本も自分で書いた。頭の中にこうなれば面白くなるというイメージがある状態で撮影に臨んでいたが、稲川さんは私の演出プランの2倍も3倍も面白くしてくれた。

そんな稲川さんが怪談を語るようになったとき、正直に言えば私は戸惑いを感じた。三枚目の稲川さんが何で怖い話をするのかと思ったし、私の番組では「た、た、助けてくれ〜！」というリアクション芸を披露していたから長くしゃべる人という印象もなかったのだ。

だが、よく考えてみれば、稲川さんはもともと工業デザイナーとしての実績もあり、理数系の頭を持っていた。20分でも30分でも筋道立ててしゃべることは得意だったのだろう。

稲川さんとは仲よく仕事をしていたが、一度だけ怒られたことがある。番組で呼んだ霊媒師が、ジェームズ・ディーンが乗り移ったと言ったが、英語ができないから日本語で「私はジェームズ・ディーンだ」としゃべっていた。もちろん、私はそのインチキなところが面白いと考えてバラエティ感覚でやっていたのだが、稲川さんはこんな霊媒師はインチキだと怒った。そのときに、稲川さんにとって怪談は本気の仕事のテーマであり、聖域だったのだなと思い知らされた。

今や稲川さんは怪談の第一人者だ。当初は私も冷ややかな目で見ていたところもあったが、稲川さんは信じた道を貫いたから、光を見いだせたのだ。

## 本当は怖い？　ビートたけし

P193の「演出家を目指すことになった象徴的な出来事」のところでも触れたとおり、学生時代に自分で手がけたコンサートで嬉しさのあまり泣いたことはあったが、プロになってからはそういう理由で泣いたことはない。

ビートたけしさんと仕事をするようになってからは、もっと面白いものを作ってやるという気迫が自分の中で生まれて、泣く余裕などなくなったのだ。演出家として出演者のたけしさんに負けたくないという強い思いも抱いていた。


たけしさんからは「一生現役でいたい」という欲望を感じる。常に前に進もうとしているから、昨日の自分を信じないという思いも持っているようだ。

「あの人は怖く見えるけど、本当はいい人」とほめられる人もいるが、「本当は怖い」というのも魅力のひとつだと思う。たけしさんにとって「本当はいい人」はほめ言葉ではないだろう。「本当のたけしさんも『アウトレイジ』みたいな人」と、ファンも思いたいのでないだろうか。

実際、若い頃のたけしさんには、何としてものし上がってやろうというギラギラした怖いパワーがあった。それが人間的な魅力につながっていたのは間違いない。